上海市工程建设规范

土 地 整 治 项 目 工 程 质 量 验 收 标 准

The acceptance standard of construction quality for land consolidation and rehabilitation projects

DG/TJ 08－2317－2020
J 15139－2020

主编单位：上海市建设用地和土地整理事务中心
批准部门：上海市住房和城乡建设管理委员会
施行日期：2020 年 9 月 1 日

同济大学出版社

2020　上海

图书在版编目(CIP)数据

土地整治项目工程质量验收标准/上海市建设用地和土地整理事务中心主编.--上海:同济大学出版社,2020.9
 ISBN 978-7-5608-9419-5

Ⅰ.①土… Ⅱ.①上… Ⅲ.①土地整理-工程质量-工程验收-标准-上海 Ⅳ.①F321.1-65

中国版本图书馆 CIP 数据核字(2020)第 145822 号

土地整治项目工程质量验收标准

上海市建设用地和土地整理事务中心 　主编

策划编辑	张平官
责任编辑	朱　勇
责任校对	徐春莲
封面设计	陈益平
出版发行	同济大学出版社　www.tongjipress.com.cn
	(地址:上海市四平路 1239 号　邮编:200092　电话:021-65985622)
经　　销	全国各地新华书店
印　　刷	浦江求真印务有限公司
开　　本	889mm×1194mm　1/32
印　　张	4.375
字　　数	118000
版　　次	2020 年 9 月第 1 版　2020 年 9 月第 1 次印刷
书　　号	ISBN 978-7-5608-9419-5
定　　价	40.00 元

本书若有印装质量问题,请向本社发行部调换　　版权所有　侵权必究

上海市住房和城乡建设管理委员会文件

沪建标定〔2020〕146号

上海市住房和城乡建设管理委员会关于批准《土地整治项目工程质量验收标准》为上海市工程建设规范的通知

各有关单位：

　　由上海市建设用地和土地整理事务中心主编的《土地整治项目工程质量验收标准》，经我委审核，现批准为上海市工程建设规范，统一编号为DG/TJ 08－2317－2020，自2020年9月1日起实施。

　　本规范由上海市住房和城乡建设管理委员会负责管理，上海市建设用地和土地整理事务中心负责解释。

　　特此通知。

上海市住房和城乡建设管理委员会
二〇二〇年三月三十日

前 言

本标准根据上海市住房和城乡建设管理委员会《关于印发〈2016年上海市工程建设规范编制计划〉的通知》（沪建管〔2015〕871号）要求，由上海市规划和自然资源局、上海市建设用地和土地整理事务中心会同有关单位共同编制完成。

本标准依据上海市土地整治工程实际情况而制定。本标准由总则、术语、基本规定、通用工程、土地平整工程、灌溉与排水工程、田间道路工程、农田防护与生态环境保持工程、其他工程以及相关附录组成，内容覆盖了上海市土地整治涉及的土地平整工程、灌溉与排水工程、田间道路工程及农田防护与生态环境保持工程等方面的工程验收。

各单位及相关人员在执行本标准过程中，请注意总结经验，积累资料，并将有关意见和建议反馈至上海市规划和自然资源局（地址：上海市北京西路99号；邮编：200003）、上海市建设用地和土地整理事务中心（地址：上海市北京西路95号18楼；邮编：200003），或上海市建筑建材业市场管理总站（地址：上海市小木桥路683号；邮编：200032；E-mail：bzglk@zjw.sh.gov.cn），以供今后修订时参考。

主 编 单 位：上海市建设用地和土地整理事务中心
参 编 单 位：上海市地矿工程勘察院
　　　　　　上海城市房地产估价有限公司
　　　　　　上海上咨建设工程咨询有限公司
主要起草人：顾守柏　顾 红　刘 伟　朱晓丹
参加起草人：侯斌超　张洪武　陆 衍　夏 杰　崔浩然
　　　　　　夏 菁　巫 虹　陈 敏　方 圆　李福能

　　　　　　　丁　芸　叶　子　朱　宇　孔庆伟
主要审查人：李勤奋　王培兴　朱　恩　石忆邵　陈雪初
　　　　　　　肖　武　李　晨

　　　　　　　　　　　　　　上海市建筑建材业市场管理总站
　　　　　　　　　　　　　　2020 年 2 月

目 次

1 总　则 ·· 1
2 术　语 ·· 2
3 基本规定 ·· 4
　3.1 基本要求 ·· 4
　3.2 工程项目划分 ··· 5
　3.3 验收程序 ·· 6
　3.4 工程质量验收评定 ·· 7
4 通用工程 ·· 9
　4.1 一般规定 ·· 9
　4.2 土方工程 ·· 10
　4.3 地基与基础工程 ·· 11
　4.4 钢筋混凝土工程 ·· 12
　4.5 混凝土工程 ··· 14
　4.6 砌体工程 ·· 15
5 土地平整工程 ··· 19
　5.1 一般规定 ·· 19
　5.2 耕作田块修筑工程 ·· 19
　5.3 耕作层地力保持工程 ·· 21
6 灌溉与排水工程 ··· 24
　6.1 一般规定 ·· 24
　6.2 水源工程 ·· 24
　6.3 给水工程 ·· 26
　6.4 喷微灌工程 ··· 29
　6.5 排水工程 ·· 30

6.6	渠系建筑物工程 ……………………………………	33
6.7	泵站及输配电工程 …………………………………	46
7 田间道路工程 ……………………………………………		54
7.1	一般规定 ……………………………………………	54
7.2	路　基 ………………………………………………	54
7.3	路　面 ………………………………………………	55
7.4	路　肩 ………………………………………………	58
8 农田防护与生态环境保持工程 …………………………		61
8.1	一般规定 ……………………………………………	61
8.2	农田林网工程 ………………………………………	61
8.3	岸坡防护工程 ………………………………………	64
8.4	河道整治工程 ………………………………………	69
8.5	生态保护工程 ………………………………………	72
9 其他工程 …………………………………………………		74
9.1	一般规定 ……………………………………………	74
9.2	农业生产辅助设施 …………………………………	74
9.3	拆除工程 ……………………………………………	75
9.4	标志牌工程 …………………………………………	77
附录 A	施工现场质量管理检查记录表 …………………	78
附录 B	土地整治项目工程质量验收规范项目划分表 ………	79
附录 C	单元工程质量检验评定表 ………………………	86
附录 D	分部工程验收记录表 ……………………………	87
附录 E	单位(子单位)工程验收记录表 …………………	88
附录 F	单项工程验收记录表 ……………………………	89
附录 G	单位(子单位)工程主要质量控制记录表 ………	90
附录 H	单位(子单位)工程观感质量检查记录表 ………	95
附录 J	项目工程验收记录表 ……………………………	98
附录 K	隐蔽工程验收记录表 ……………………………	99
附录 L	土壤环境质量要求值 ……………………………	100

附录 M 土地复垦质量控制要求 ………………… 101
本标准用词说明 ……………………………………… 105
引用标准名录 ………………………………………… 106
条文说明 ……………………………………………… 107

Contents

1 General provisions ··· 1
2 Terms ··· 2
3 Basic regulations ··· 4
   3.1 Basic requirements ································· 4
   3.2 Acceptance projects classification ················· 5
   3.3 Acceptance procedures ····························· 6
   3.4 Acceptance and assessment of construction quality
   ··· 7
4 General engineering ······································· 9
   4.1 General regulations ······························· 9
   4.2 Earthwork engineering ···························· 10
   4.3 Foundation engineering ··························· 11
   4.4 Reinforced concrete engineering ·················· 12
   4.5 Concrete engineering ····························· 14
   4.6 Masonry engineering ······························ 15
5 Land levelling engineering ································ 19
   5.1 General regulations ······························ 19
   5.2 Farmland terraces building ······················· 19
   5.3 Land productivity conservation engineering ······· 21
6 Irrigation and drainage engineering ······················ 24
   6.1 General regulations ······························ 24
   6.2 Water source engineering ························· 24
   6.3 Water supply engineering ························· 26
   6.4 Spray and micro-irrigation engineering ··········· 29

6.5　Drainage engineering ……… 30
6.6　Canal engineering ……… 33
6.7　The pumping stations and power transmission and distribution engineering ……… 46
7　Farmland road engineering ……… 54
7.1　General regulations ……… 54
7.2　Roadbed ……… 54
7.3　Road surface ……… 55
7.4　Road shoulder ……… 58
8　Farmland protection and ecological and environmental conservation engineering ……… 61
8.1　General regulations ……… 61
8.2　Farmland and forest network engineering ……… 61
8.3　Bank protection engineering ……… 64
8.4　Channel improvement ……… 69
8.5　Ecological protection engineering ……… 72
9　Other engineering ……… 74
9.1　General regulations ……… 74
9.2　Auxiliary facilities of agricultural production ……… 74
9.3　Demolition engineering ……… 75
9.4　Signboard engineering ……… 77
Appendix A　Record table for quality management of on-site inspection ……… 78
Appendix B　Partition table for construction quality acceptance of land consolidation projects ……… 79
Appendix C　Quality inspection and evaluation table for lining engineering ……… 86
Appendix D　Record table for branch engineering acceptance ……… 87

Appendix E   Record table for unit(subunit) engineering acceptance 88
Appendix F   Record table for individual engineering acceptance 89
Appendix G   Main quality control record table for unit(subunit) engineering 90
Appendix H   Superficial quality control record table for unit (subunit) engineering 95
Appendix J   Record table for project acceptance 98
Appendix K   Record table for concealed project acceptance 99
Appendix L   Standard values of environmental quality for soil 100
Appendix M   Quality control standards of land reclamation 101
Explanation of wording in this standard 105
List of quoted standards 106
Explanations of provisions 107

1 总　则

1.0.1 为加强本市土地整治项目工程实施的质量管理,统一上海市土地整治项目施工质量的验收标准,保证工程质量,制定本标准。

1.0.2 本标准适用于本市行政区域内农用地整治、建设用地整治、未利用地开发和自然灾害损毁土地复垦等土地整治项目的工程施工质量验收。

1.0.3 土地整治项目工程验收除应符合本标准外,尚应符合国家、行业和本市现行有关标准的规定。

2 术 语

2.0.1 土地整治工程　land consolidation projects

土地整治工程是指对土地进行的综合整治,包括土地整理、土地复垦、土地开发等各项活动,其目的在于提高土地质量,增加有效耕地面积,实现土地的平衡和综合开发利用。

2.0.2 土地整治工程质量　the quality of land consolidation projects

土地整治工程满足国家和土地整治行业相关标准、规划设计及合同约定要求的程度,在安全、适用、经济、美观及环境保护等方面的特性总和。

2.0.3 隐蔽工程　project of concealment

指在土地整治工程中将被后续工序所掩盖的或施工后不便检查的工程项目。

2.0.4 验收　acceptance

土地整治工程在施工单位进行单元工程、分部工程、单位工程、单项工程的质量自评基础上,有关单位进行抽检、复核、认定结果、指出存在的问题及签署验收意见的活动。

2.0.5 进场验证　site verification

指对进入施工现场的材料、构配件、设备等按相关标准进行评价与验证,对产品达到合格与否做出确认的活动。

2.0.6 检验　inspection

对检验项目中的性能进行量测、检查、试验等,并将结果与标准规定要求进行比较,以确定每项性能是否合格所进行的活动。

2.0.7 见证取样检测　evidential testing

在监理单位或建设单位见证下,由施工单位有关人员按照要求现场随机地从原材料、构配件、设备或工程检验项目中取样,并送至具备相应资质的检测单位所进行的检测。

2.0.8 交接检验 handing over inspection

由施工的承接方与完成方经双方检查并对可否继续施工做出确认的活动。

2.0.9 观感质量 quality of appearance

通过观察和必要的量、测所反映的工程外观质量。

2.0.10 返修 repair

对工程不符合标准的缺陷部位采取的修补等措施。

2.0.11 返工 rework

对不合格的工程部位采取的拆除、重新制作、重新施工等措施。

2.0.12 单项工程 individual project

指具有独立的设计文件，竣工后可以独立形成生产能力或发挥工程效益的工程。土地整治工程可划分为五个单项工程，即土地平整、灌溉与排水、田间道路、农田防护与生态环境保持和其他工程。

2.0.13 单位工程 unit project

指在同一单项工程内，按工程类型基本相同和便于质量管理等原则进行划分的单位工程。工程规模较大的单位工程，可按其功能相对独立或便于组织施工划分子单位工程。

2.0.14 子单位工程 sub-unit project

具有单独的设计，可以独立组织施工，但竣工后不能独立形成生产能力或发挥效益的工程。

2.0.15 分部工程 separated part project

按单位工程施工作业区（片）、组成类别进一步分解的工程，是单位工程的组成部分。

2.0.16 单元工程 separated item project

由几种施工工序完成的工程最小综合体，是构成分部工程质量考核和合同支付审核的基本单位，是分部工程的组成部分。

3 基本规定

3.1 基本要求

3.1.1 施工现场质量管理应有相应的施工技术标准,健全的质量管理体系、施工质量检验制度和综合施工质量水平评定考核制度,并按本标准附录 A 的要求进行检查记录。

3.1.2 土地整治工程应按下列规定进行施工质量控制:

  1 土地整治工程采用的主要材料、半成品、成品、建筑构配件、器具和设备应进行现场验收,其应有产品的质量合格证书、产品性能检测报告。凡涉及安全、功能的有关产品,应按各专业工程质量验收规范规定进行复验,并应经监理(或建设方代表)检查认可。

  2 各隐蔽工程的施工,应通知监理(建设方代表)检查,未经验收合格不能进行下一道工序的施工。

  3 各工序应按施工技术标准进行质量控制,每道工序均应进行检查。

  4 涉及安全的相关各专业工种之间,应进行交接检验,并形成记录。未经实施单位驻现场代表检查认可,不得进行下道工序的施工。

  5 土地整治工程在实施前应对土壤质量进行检测,在实施过程中应对土壤质量进行控制,经过土地整治工程的土壤质量必须符合现行国家标准《农用地土壤环境质量标准》GB 15618 的要求。

3.1.3 土地整治工程质量应按下列要求进行验收:

  1 土地整治工程施工质量应符合本标准和相关专业验收规

范的规定。

  2 土地整治工程施工应符合设计文件的要求。

  3 参加验收的各方人员应具备相应的资格。

  4 施工单位应负责施工全过程的工程质量检验,严格落实操作者自检、班组互检、专职质量监督人员检验的质量检验制度。

  5 验收均应在施工单位自行检查评定合格的基础上进行。

  6 隐蔽工程在隐蔽前施工单位应通知有关单位进行验收,并应形成相关验收文件。

  7 涉及结构安全的试块、试件以及相关材料,应按规定进行见证取样检测。

  8 主要功能项目的抽查结果应符合本标准和相关专业规范的规定。

  9 承担取样检测及有关结构安全检测的单位应具有相应资质。

  10 工程的观感质量应由验收人员通过现场检查,并应共同确认。

3.2 工程项目划分

3.2.1 项目划分依据现行上海市工程建设规范《土地开发整理工程建设技术标准》DG/TJ 08-2079进行细分。

3.2.2 土地整治工程项目分为单项工程、单位工程(子单位工程)、分部工程、单元工程4个工程类别。

3.2.3 工程项目划分可按本标准附录B执行。附录B中未作划分的,则由项目建设单位组织监理、设计、施工等单位按项目已批准的工程建设内容和设计文件及相关规范共同商定。

3.3 验收程序

3.3.1 单元工程完工后,施工单位在自检合格的基础上,向监理机构提交单元工程质量报验申请表和相关资料。监理机构收到单元工程质量报验申请表和相关资料后,应由监理工程师组织施工单位项目部质量(技术)负责人等进行验收,参加验收人员均应在质量验收意见栏内签字,相关验收单位应盖章。

3.3.2 分部工程完工后,施工单位在自检合格的基础上,向项目监理机构提交分部工程报验申请和相关资料。项目监理机构收到分部工程验收申请和相关资料后,应由总监理工程师组织施工单位项目负责人和质量(技术)负责人等进行验收。技术较复杂、安全要求较高的农桥、渡槽、泵站等子单位工程的重要分部工程,建设单位现场代表、设计单位项目负责人也应参加验收,参加验收人员均应在质量验收意见栏内签字,相关验收单位应盖章。

3.3.3 单位(子单位)工程完工后,施工单位在自检合格的基础上,向项目监理机构提交单位(子单位)工程报验申请表和相关资料。项目监理机构收到单位(子单位)工程报验申请和相关资料后,应由总监理工程师组织建设单位现场代表、施工单位项目负责人、设计单位项目负责人等进行验收,参加验收人员均应在质量验收意见栏内签字,相关验收单位应盖章。

3.3.4 单项工程验收应由建设单位项目负责人主持。设计单位项目负责人、监理单位总监理工程师、施工单位质量(技术)负责人、项目负责人应参加验收。

3.3.5 项目合同工程量全部完成后,应由项目法人组织相关参建单位对本项目进行完工验收。

3.3.6 项目完工验收合格后,建设单位应在规定时间内将工程竣工验收请示和工程档案资料上报主管部门,主管部门核对认为符合竣工验收条件后择日组织项目竣工验收。

3.4 工程质量验收评定

3.4.1 工程质量验收评定应符合以下要求(或规定):
1 单元工程质量验收合格应符合下列规定:
   1) 单元工程质量验收应综合工序的现场质量检查记录合格情况,合格率应不低于80%,其中涉及土壤环境质量、结构安全功能的单元工程检查项目应全部符合要求,检测项目100%符合标准(土壤环境质量要求详见本标准附录L、附录M)。
   2) 见证取样检测和隐蔽部分质量验收记录应完整。
2 分部工程质量验收合格应符合下列规定:
   1) 分部工程所含单元工程的质量均应验收合格。
   2) 质量控制资料应完整。
   3) 有安全及功能的检验和抽样要求的分部工程,检测结果应符合相关规定。
3 单位(子单位)工程质量验收合格应符合下列规定:
   1) 单位(子单位)工程所含分部工程的质量均应验收合格。
   2) 质量控制资料应完整。
   3) 有安全及功能的检验和抽样要求的分部工程,检测资料应完整。
   4) 涉及主要功能项目的抽查结果应符合本标准和相关专业质量验收规范的规定。
   5) 对单位(子单位)工程进行观感质量评定,70%以上达到要求,即为观感质量验收符合要求。
4 单项工程质量验收合格应符合下列规定:
   1) 单项工程所含单位工程的质量均应验收合格。
   2) 质量控制资料应完整。
5 项目工程质量验收合格应符合下列规定:

1）单项工程的质量均应验收合格。
2）质量控制资料应完整。
6 土地整治工程质量验收评定应符合下列规定：
1）单元工程质量验收可按本标准附录C进行。
2）分部工程质量验收应按本标准附录D进行。
3）单位（子单位）工程质量验收（控制资料核查、安全和功能检验资料核查、主要功能抽查记录、观感质量检查）应按本标准附录E进行。
4）单项工程质量验收应按本标准附录F进行。
5）项目工程质量验收应按本标准附录J进行。

3.4.2 当工程质量评定为不合格时，应按下列执行：

1 经维修、加固补强或返工重做及更换设备、器具的单元工程，应重新进行验收。

2 经有资质的检测单位检测鉴定能够达到设计要求的单元工程，应予以验收。

3 经返修或加固处理的单元、分部工程，虽然改变外形尺寸但仍能满足安全使用要求，可按技术处理方案和协商文件进行验收。

4 通过返修或加固处理仍不能满足安全使用要求的分部工程、单位（子单位）工程，不予验收。

4 通用工程

4.1 一般规定

4.1.1 基础轴线、边线位置及基底标高应符合规定,检查无误后方可进行后续施工。

4.1.2 在附近有其他构筑物时,应有可靠的保护措施。

4.1.3 土方开挖前应根据需要制定地下水控制和排水方案。

4.1.4 土方开挖时,应防止超挖。

4.1.5 对影响基底、坑壁稳定性的土体,应采取相应的地基处理措施、护壁措施。

4.1.6 钢筋的品种、级别或规格应符合设计要求。钢筋的品种、级别或规格需作变更时,应办理设计变更文件并提供钢筋代换证明材料。

4.1.7 钢筋进场时,应按现行国家标准《钢筋混凝土用热轧带肋钢筋》GB 1499 的规定,抽取试件作力学性能检验,并应检查钢筋的质量证明文件,检验结果必须符合相关标准的规定。

4.1.8 钢筋加工工程检测项目应符合表 4.1.8 的规定。

表 4.1.8 钢筋加工的形状、尺寸检测项目

项次	检测项目	允许偏差 (mm)	检测频率与范围		检测方法
			范围	点数	
1	长度(受力筋)	±10	每根(片)抽查总数的 10%,不少于 10 根(片)	1	用钢尺量
2	弯起钢筋弯起点位置	0~20		1	用钢尺量
3	箍筋内净尺寸	±10	小型构件抽查总数的 10%,大型构件或构筑物逐个检查	3	用钢尺量主筋长度

4.1.9 在混凝土浇筑前,钢筋隐蔽工程施工应检查下列内容:
  1 纵向受力钢筋的品种、规格、数量、位置等。
  2 钢筋的连接方式、接头位置、接头数量、接头面积百分率、搭接长度等。
  3 箍筋、横向钢筋的品种、规格、数量、间距等。
  4 预埋件的规格、数量、位置等。

4.2 土方工程

4.2.1 基坑开挖
  1 基坑尺寸应满足设计要求,基底应比基础的平面尺寸增宽 0.5m～1.0m;当不设模板时,可按基底尺寸开挖基坑。
  2 基坑围护应符合设计要求。
  3 土方开挖应从上往下分层分段依次进行,同时注意坡度控制。
  4 基坑土方开挖检测项目应符合表 4.2.1 的规定。

表 4.2.1 基坑土方开挖检测项目

项次	检测项目	质量要求	允许偏差（mm）	检测频率与范围		检测方法
				范围	点数	
1	坑底标高		±50	每一单元工程	4	用水准仪测量
2	轴线位置		0～50		2	用经纬仪或全站仪测量
3	基坑尺寸	不小于设计规定			4	用钢尺量
4	基坑边坡		设计值的±5%		4	用坡度尺量

4.2.2 沟槽开挖
  1 沟槽的纵坡不得超过设计要求,槽底中线每侧宽度不得小于设计要求。
  2 沟槽边坡必须平整、坚实,严禁贴坡。

3 沟槽土方开挖检测项目应符合表4.2.2的规定。

表4.2.2 沟槽土方开挖检测项目

项次	检测项目	质量要求	允许偏差（mm）	检测频率与范围		检测方法
				范围	点数	
1	槽底标高		－50～0	50m	1	用水准仪测量
2	沟槽底部中线每侧宽度	不小于设计规定			1	挂中心线用尺量
3	沟槽尺寸	不小于设计规定			1	用钢尺量
4	边坡		±5%		1	用坡度尺量

4.2.3 土方填筑

1 回填时，坑、槽内应无积水，不得回填淤泥、腐殖土、冻土及建筑垃圾等杂物。

2 回填土方施工过程中应检查排水措施。

3 用于土地平整工程中土方回填的土壤质量应满足现行国家标准《土壤环境质量标准》GB 15618的要求。

4 土方回填应分层填筑，分层夯实。土方填筑检测项目应符合表4.2.3的规定。

表4.2.3 土方填筑检测项目

项次	检测项目	质量要求	允许偏差(mm)	检测频率与范围	检测方法
1	分层厚度		±50	基坑回填时，每座检查不少于3次。沟槽回填按50m检查1处	用钢尺量
2	压实度（轻打击实法）	不低于设计要求			贯入度或压实试验

4.3 地基与基础工程

4.3.1 地基处理

1 地基与基础的施工质量应符合设计要求。应按现行行业标准《建筑变形测量规程》JGJ 78的相关规定根据需要对周围相

— 11 —

关建(构)筑物进行变形监测。

2 地基处理应按现行上海市工程建设规范《地基处理技术规范》DG/TJ 08-40 相关验收要求执行。

4.3.2 桩基工程

桩基工程的施工质量应符合设计要求和现行国家标准《建筑地基基础工程施工质量验收规范》GB 50202 桩基础相关内容的要求。

4.4 钢筋混凝土工程

4.4.1 模板

1 对跨度大于 4m 的现浇钢筋混凝土梁、板,其模板应按设计要求起拱;当设计无要求时,起拱高度宜为跨度的 1/1000~3/1000。

2 模板制作、安装、拆除工程应符合现行国家标准《混凝土结构工程施工质量验收规范》GB 50204 及相关规范要求。

3 模板安装尺寸检测项目应符合表 4.4.1 的规定。

表 4.4.1 模板安装尺寸检测项目

项次	检测项目		允许偏差(mm)	检测频率与范围		检测方法
				范围	点数	
1	相邻两板面高差		0~2	每个构筑物	2	用钢尺量
2	表面平整度		0~5	每种构筑物抽查 10%	4	用 2m 直尺量
3	柱、墙垂直度		6mm/5m		2	用垂线板或经纬仪及钢尺量
4	模内尺寸	基础	±10		3	用钢尺量
		梁、板、墙、柱	-5~4		3	用钢尺量
5	轴线位置	基础	0~10	每个构筑物	1	用全站仪、经纬仪、水准仪测量
		墙	0~5		1	用全站仪、经纬仪、水准仪测量
		梁、柱	0~10		1	用全站仪、经纬仪、水准仪测量
6	预埋件、预留孔位置		3~10		2	用全站仪、经纬仪、水准仪测量

4.4.2 钢筋

1 钢筋连接

1) 纵向受力钢筋连接方式应符合设计要求。

2) 在施工现场,应按现行行业标准《钢筋焊接及验收规程》JGJ 18 的规定抽取钢筋焊接接头试件做力学性能检验,并应检查焊剂的合格证明材料。对钢筋焊接接头的外观进行检查,其质量应符合相关规范的规定。当受力钢筋采用焊接接头时,设置在同一构件内的接头宜相互错开。

3) 同一连接区段内,纵向受拉钢筋搭接接头面积百分率应符合设计要求,当设计无要求时,应符合下列规定:

(1) 对梁、板类构件,不宜大于 25%。

(2) 对柱类构件,不宜大于 50%。

4) 钢筋连接检测项目应符合表 4.4.2-1 的规定。

表 4.4.2-1 钢筋连接检测项目

项次	检测项目	允许偏差	检测频率与范围		检测方法
			范围	点数	
1	接头处弯折	4°	每个接头抽查总数的5%,不少于10个接头	1	用钢尺和量角器量
2	接头处钢筋轴线偏移	$0.1d$ 且 $\leqslant 3mm$		1	用刻槽直尺量
3	绑条接头处钢筋轴线的偏移	$0.5d$		1	用钢尺量
4	焊缝厚度	$0 \sim 0.05d$		2	用焊缝量规量
5	焊缝宽度	$0 \sim 0.1d$		2	
6	焊缝长度	$\leqslant -0.5d$		2	

注:d 为钢筋直径(mm)。

2 钢筋安装

钢筋安装位置检测项目应符合表 4.4.2-2 的规定。

表 4.4.2-2 钢筋安装检测项目

项次	检测项目		允许偏差（mm）	检测频率与范围		检测方法
				范围	点数	
1	受力钢筋	排距	±5	小型构件抽查总数的10%，大型构件或构筑物逐个检查	3	用钢尺量两端、中间各1点，取最大值
		间距	±10		3	
2	保护层厚度	基础、锚碇、墩台	±10		4	用钢尺量两端和中部的两侧面和底部
		柱、梁、拱肋	−5～10		4	
		板	−3～5		4	
3	箍筋、横向水平钢筋、螺旋筋间距		±20		3	用钢尺量连续3档，取最大值
4	钢筋骨架尺寸	长	±10		2	用钢尺量主筋长度
		宽、高或直径	±10		3	
5	钢筋网尺寸	长、宽	±10		2	用钢尺量连续3档，取最大值
		网眼尺寸	±20		3	
6	弯起钢筋位置		0～20		2	用钢尺量

4.5 混凝土工程

4.5.1 结构构件的混凝土强度应按现行国家标准《混凝土强度检验标准》GB/T 50107 的规定分批检验评定。

4.5.2 混凝土所用的水泥、砂、石、水、外加剂及混合材料的质量和规格必须符合相关规范的规定。

1 混凝土的配合比应符合设计要求和相关规范的规定。

2 混凝土不得有裂缝、孔洞等现象，表面应平整。

3 现浇混凝土结构检测项目应符合表 4.5.2 的规定。

表 4.5.2 现浇混凝土结构检测项目

项次	检测项目		质量要求	允许偏差（mm）	检测频率与范围		检测方法
					范围	点数	
1	混凝土抗压强度		符合设计要求		每个构件	1	试验检查
2	混凝土抗渗		符合设计要求		每一单元工程	1	试验检查
3	轴线位置			0～20		2	用经纬仪测量
4	各部位高程			0～20		2	用水准仪测量
5	构筑物长、宽或直径			0～50		2	用钢尺量
6	构筑物厚度	<200mm		0～5		2	用钢尺量
7		200mm～600mm		0～10		2	用钢尺量
8	墙面垂直度			0～15		1	用垂线、经纬仪或全站仪测量
9	平整度			0～8		3	用 2m 靠尺量
10	预埋件、预留孔位移			0～10	每处抽查总数的50%	1	用钢尺量，纵横两方向取大值

4.5.3 混凝土（现浇、预制件）护坡

1 混凝土的强度等级必须符合设计要求。

2 护坡的压顶应坚固、线条顺直，观感良好。

3 混凝土护坡应设伸缩缝，缝格应整齐。单块混凝土板块的面积不宜超过 $10m^2$。泄水孔的设置应符合设计要求。

4 护坡基层土壤超挖部分不得用土回填，应采用碎石回填或直接用混凝土填补。

4.6 砌体工程

4.6.1 砌体工程所用的材料应有产品的质量合格证书、产品性

能检测报告。砌体用块体、水泥、钢筋、外加剂等尚应有材料主要性能的进场复验报告。涉及见证取样检测的检测结果必须符合设计及相关规范的要求。严禁使用国家明令淘汰的材料。

4.6.2 砌筑基础前,应校核放线尺寸,其检验要求应符合表4.6.2的规定。

表 4.6.2 放线尺寸检测项目

长度 L、宽度 B(m)	允许偏差(mm)
$L(B) \leqslant 30$	±10
$30 < L(B) \leqslant 60$	±15
$60 < L(B) \leqslant 90$	±20
$L(B) > 90$	±25

4.6.3 砌筑顺序应符合下列规定:

1 基底标高不同时,应从低处砌起,并应由高处向低处搭砌。当设计无要求时,搭接长度不应小于基础底的高差,搭接长度范围内下层基础应扩大砌筑。

2 砌体的转角处和交接处应同时砌筑。当不能同时砌筑时,应按规定留槎、接槎。

4.6.4 砌体的组砌形式应正确,砌筑稳固、排列紧密、砂浆饱满。砌体表面应平整、上下错缝、内外搭砌、避免通缝。

4.6.5 预埋件、泄水孔、滤层、防水设施等必须符合设计或相关规范的要求。

4.6.6 砌筑砂浆试块强度验收时其强度合格标准必须符合下列规定:

1 同一批次砂浆试块抗压强度平均值必须大于或等于设计强度等级所对应的立方体抗压强度的0.95倍。

2 砌筑砂浆的每批次,同一类型、强度等级的砂浆试块应不小于3组。当同一批次只有1组试块时,该组试块抗压强度的平均值必须大于或等于设计强度等级所对应的立方体抗压强度。

3 砂浆强度应以标准养护、龄期为 28d 的试块抗压试验结果为准。

4.6.7 砌体用块体和砂浆的强度应符合设计要求,砌体用块体应完整、无破损。

4.6.8 当气温低于 5℃时,砌体工程施工应符合现行行业标准《建筑工程冬期施工规程》JGJ/T 104 的规定,砌体用块体不得遭水浸冻。

4.6.9 砖砌体的转角片和交接处应同时砌筑,不应在无可靠措施时分砌施工。砖砌体检测项目应符合表 4.6.9 的规定。

表 4.6.9 砖砌体检测项目

项次	检测项目	允许偏差(mm)	检测频率与范围		检测方法
			范围	点数	
1	轴线位置	≤10	每道墙	1	用钢尺量
2	垂直度	≤15			用垂线测量
3	顶面标高	±15			用水准仪测量
4	平整度	≤8		1	用2m靠尺量
5	水平灰缝平直度	≤10			拉线,用钢尺量

4.6.10 石砌体检验要求应符合表 4.6.10-1 和表 4.6.10-2 的规定。

表 4.6.10-1 浆(干)砌块石护底、护坡检测项目

项次	检测项目	质量要求	允许偏差(mm)	检测频率与范围		检测方法
				范围	点数	
1	断面尺寸	不小于设计要求		每一单元工程	4	用钢尺量
2	表面平整度		0~30		3	用2m靠尺量
3	墙面坡度	不陡于设计规定的0.5%			3	用坡度尺及垂线量

表 4.6.10-2 浆(干)砌石挡土墙(重力式)、墩台检测项目

项次	检测项目	允许偏差	检测频率与范围		检测方法
			范围	点数	
1	厚度	±20mm	每一单元工程	3	用钢尺量
2	顶面高程	±15mm		4	用水准仪测量
3	轴线位移	0～15mm		4	用经纬仪、全站仪或拉线和钢尺量检查
4	墙面垂直度	0.5%H且≤30mm		4	垂线、用钢尺量
5	表面平整度	0～20mm		4	用2m靠尺量
6	墙面坡度	0～0.5%		2	用坡度尺量

注：H 为墩、墙高(mm)。

5 土地平整工程

5.1 一般规定

5.1.1 土地平整工程以每个平整单元划分,包括耕作田块修筑工程和耕作层地力保持工程。耕作田块修筑工程一般分为条田、台田和坑塘填平。耕作层地力保持工程包括表土剥离与回覆、客土填充、土地翻耕等。

5.1.2 土地平整后的田面坡度应符合设计要求。

5.1.3 填方土料应在填入前按设计要求进行验收。

5.1.4 土地平整工程在实施前应对工程覆盖的区域内进行土壤质量的调查检测,客土填充时,应对土壤质量进行检测,并满足现行国家标准《土壤环境质量标准》GB 15618 的二级及以上要求。

5.1.5 建设用地复垦区域,应按照设计要求进行施工,基础开挖深度应不低于设计要求,下部的建筑垃圾应清理干净。表层覆土应达到设计要求。

5.1.6 表土剥离后,应按照设计要求进行堆放,并应有相应的水土流失和扬尘防治措施。

5.2 耕作田块修筑工程

5.2.1 田块平整

1 田块形状、面积大小应符合设计要求。
2 田块修筑质量检测项目应行合表 5.2.1 的规定。

表 5.2.1 田块平整质量检测项目

项次	检测项目	质量要求	允许偏差（mm）	检测频率与范围		检测方法
				范围	点数	
1	田面高程		±50	每田块	3	用水准仪测量
2	田面坡度	符合设计要求			3	用水准仪测量

5.2.2 田埂修筑

　　1 田埂的位置应符合设计要求。
　　2 田埂土料应符合设计要求。
　　3 田埂截面尺寸偏差应符合设计要求。
　　4 田埂应密实,不应有松散、塌陷等质量问题。
　　5 田埂质量检测项目应符合表 5.2.2 的规定。

表 5.2.2 田埂质量检测项目

项次	检测项目	允许偏差（mm）	检测频率与范围		检测方法
			范围	点数	
1	田埂断面尺寸	±30	每田埂	3	用钢尺量
2	顺直度	±80		2	用经纬仪或全站仪测量
3	田埂顶面高程	±50		3	用水准仪测量

5.2.3 坑塘填平

　　1 坑塘填平的范围应符合河道填堵行政许可规定和设计要求。
　　2 坑塘填平后田面高程应符合设计要求。
　　3 填充的客土质量应按本标准第 5.3.2 条的相关要求执行。
　　4 耕作层以下的回填土应分层夯实,分层厚度不宜大于 300mm,密实度应符合设计要求。
　　5 坑塘填平质量检测项目应符合表 5.2.3 的规定。

表 5.2.3 坑塘填平质量检测项目

项次	检测项目	质量要求	允许偏差(mm)	检测频率与范围		检测方法
				范围	点数	
1	土方回填量	≥90%		不少于格田数量的30%	3	现场测量
2	耕作层厚度	≥300mm			3	用钢尺量
3	有效土层厚度	≥500mm			3	用钢尺量
4	田面高程		±50	不少于填埋格田数量的10%	5	用水准仪测量

5.3 耕作层地力保持工程

5.3.1 表土剥离与回覆

1 表土剥离前,对原耕作层土壤进行见证取样,送具备资质的检测单位对土壤的 N、P、K 及有机质其他参数含量进行检测。检测数据作为表土回填后土壤有机质恢复程度的复测数据,具体检测内容可按现行上海市工程建设规范《建设占用耕地表土剥离再利用技术标准》DG/TJ 08-2275 的相关要求执行。

2 表土剥离范围、剥离厚度应符合设计要求。

3 表土回填后,应对原耕作层土壤的有机质含量进行第二次检测,原耕作层土壤有机质恢复程度不应低于 85%。

4 表土剥离质量检测项目应符合表 5.3.1 的规定。

表 5.3.1 表土剥离质量检测项目

项次	检测项目	质量要求	检测频率与范围		检测方法
			范围	点数	
1	表土剥离厚度	不小于设计值		3	用钢尺量
2	表土回填范围	≥90%		3	现场测量计算
3	表土回填厚度	不小于设计值	每田块	3	用钢尺量回填土层的断面
4	土壤有机质恢复程度	≥85%		3	取样送检测单位检测
5	砾石、碎石等粗颗粒含量	≤10%		3	目测

5.3.2 客土填充

1 客土土壤质量在填入前应进行见证取样,送具备资质的检测单位对土壤的质量进行检测,确保客土质量符合现行国家标准《土壤环境质量标准》GB 15618 的二级及以上要求。

2 土壤质地应为砂壤土至黏壤土质类,不应是单纯的砂或黏土。

3 客土覆盖的土壤有机质含量应不低于设计标准,客土覆盖的厚度应不低于设计值。

4 客土填充质量检测项目应符合表 5.3.2 的规定。

表 5.3.2 客土填充质量检测项目

项次	检测项目	质量要求	检测频率与范围		检测方法
			范围	点数	
1	客土回填范围	不小于设计值	不少于客土覆盖田块数量的5%	3	现场测量计算
2	客土回填厚度	不小于设计值		3	用钢尺量
3	砾石、碎石等粗颗粒含量	≤10%		3	目测

5.3.3 土地翻耕

1 翻耕、旋耕遍数和深度应符合设计要求和相关规定的要求。

2 土地翻耕质量检测项目应行合表 5.3.3 的规定。

表 5.3.3 土地翻耕质量检测项目

项次	检测项目	质量要求	检测频率与范围		检测方法
			范围	点数	
1	大块径土料(>10cm)含量	≤10%	全数检查		目测
2	翻耕复犁的幅度	≥90%			测量,不少于格田数量的10%

5.3.4 土地培肥

1 肥料数量和种类应满足设计要求。
2 肥料播撒范围和播撒方式应符合相关规范的要求。
3 耕作层土壤肥力指标应符合表5.3.4的规定,并符合设计要求。

表5.3.4 耕作层土壤肥力检测项目

项次	检测项目	质量要求	检测点位设置和采样数量要求	检测方法
1	含盐量	平均≤1.5g/kg,最高≤3.0g/kg	按200m×200m网格布点。每个网格按照梅花形状采集不少于5个点的0~20cm深的表层样品,并混合成1个组合样品。对于含盐量,应至少有3个垂直剖面采样位置,每个剖面采集3~5个样品(包括表层样),采样深度应达到浅层地下水水位	质量法
2	有机质	≥10g/kg		重铬酸盐容量法
3	速效钾	≥50mg/kg		乙酸铵浸提-火焰原子吸收分光光度法
4	速效磷	4mg/kg		轻质酸性土用$HCl+H_2SO_4$浸提,风化程度中等的酸性土用NH_4F+HCl浸提,石灰性土用$NaHCO_3$浸提-分光光度法
5	pH	5.5~8.5		玻璃电极法

注:设计对表5.3.4检测项目有要求时,按设计要求执行。设计无明确要求的,宜应按表5.3.4执行。

6 灌溉与排水工程

6.1 一般规定

6.1.1 灌溉与排水工程可划分为水源工程，输水工程，喷、微灌工程，排水工程，渠系建筑物工程，泵站及输配电工程等单位工程。

6.1.2 灌溉与排水工程整体功能应能够满足农田灌溉及排水，达到设计要求。各单位工程能够达到相关安全要求，功能检测项目应符合规定。

6.1.3 灌溉与排水工程中的钢筋混凝土构件钢筋和模板的制作与安装，预应力混凝土构件、预应力钢筋的加工和张拉，钢筋和模板的质量应符合设计和相关规范要求。

6.1.4 泵站工程完成后，应进行试运行，以检验施工质量，使泵站泵房、进出水建筑物、设备安装的工况符合设计要求。

6.2 水源工程

6.2.1 蓄水池

　　1 蓄水池可划分为地基与基础、蓄水池主体。

　　2 蓄水池地基与基础的土方工程、混凝土工程和砌体工程的施工质量应符合本标准第 4 章的要求。

　　3 蓄水池应避开暗浜、填方及地下水严重渗漏的区域，与根系发达的树木距离不应小于 5m。

6.2.2 地基与基础

　　1 应根据设计要求进行开挖。土方开挖时，土方不应堆放于基槽边缘，坡度及稳定性需达到设计及相关规范要求。

　　2 地基与基础工程质量检测项目应符合表 6.2.2 的规定。

表 6.2.2 蓄水池地基与基础质量检测项目

项次	检测项目	质量要求	允许偏差(mm)	检测频率与范围		检测方法
				范围	点数	
1	底部高程		±50	每座	3	用水准仪测量
2	压实系数	≥90%			2	环刀法
3	垫层厚度		±15		2	用钢尺量

6.2.3 蓄水池主体

1 蓄水池应根据设计要求进行防渗处理,不得有渗漏现象。

2 蓄水池应根据需要布设排污管,出水管或倒虹吸管应高于池底300mm。

3 蓄水池应设进水口、溢流管。其进水口宜设置拦污栅和沉砂池,蓄水池池内应设置爬梯。开敞式蓄水池的边墙宜设置护栏。

4 布置位置应满足灌溉系统的水压要求。

5 蓄水池主体质量检测项目应符合表6.2.3的规定。

表 6.2.3 蓄水池主体质量检测项目

项次	检测项目		允许偏差(mm)	检测频率与范围		检测方法
				范围	点数	
1	池体内空尺寸	长、宽	±20	每座	3	用钢尺量
		深	±30(混)		3	
			±50(砌)		3	
2	池壁厚度		±20(混)		3	
			±50(砌)		3	
3	池壁垂直度		0~8		3	用经纬仪、全站仪或吊线、钢尺检查
4	盖板平面尺寸		±20		3	用钢尺量
5	爬梯铁件尺寸		±5		3	用钢尺量
6	水管安设位置		±50		3	用钢尺量
7	拦污栅	尺寸	±20		3	用钢尺量
		间距	20%设计值		30%	用钢尺量

6.3 给水工程

6.3.1 一般规定

 1 明渠可划分为地基与基础、渠身主体两部分;管道可划分为管道主体、附属设施两部分。

 2 土方、砌体、混凝土施工应符合本标准第 4 章的要求。

 3 预制构件安装必须位置准确、平稳,接缝内砂浆均匀饱满,勾缝密实,不得有渗漏现象。

 4 混凝土、砌体(衬砌)质量和规格应符合设计要求。

6.3.2 明渠

 1 地基与基础

  1)渠道开挖应符合设计要求。

  2)地基承载力、稳定性应符合设计要求。

  3)基础回填土应夯实。

  4)垫层材料应符合设计要求。

  5)地基与基础工程质量检测项目见表 6.3.2-1。

表 6.3.2-1 地基与基础质量检测项目

项次	检测项目	质量要求	允许偏差(mm)	检测频率与范围		检测方法
				范围	点数	
1	底面高程		0～30	50m	1	用水准仪测量
2	渠道边坡	不陡于设计规定		50m	1	用坡度尺量
3	底板纵坡降	不陡于设计规定		50m	1	用 2m 靠尺量
4	垫层宽度、厚度	不小于设计要求		50m	1	用钢尺量

 2 渠身主体

  1)预制渠道的产品质量应满足设计要求。

  2)防渗膜质量、规格及铺设应符合设计和相关规范要求;设计有防渗要求的应做渗漏实验,渗漏量应符合设计要求。
3）伸缩缝的留置和填缝材料应符合设计要求。
4）渠身两侧必须回填夯实，井内不应有建筑垃圾等杂物。
5）渠道通水复核试验应满足设计要求。
6）渠身主体质量检测项目应符合表6.3.2-2的规定。

表6.3.2-2 渠身主体质量检测项目

项次	检测项目	质量要求	允许偏差	检测频率与范围		检测方法
				范围	点数	
1	渠底高程		±10mm（混凝土）±15mm（石块）		1	用水准仪测量
2	厚度	不小于设计值			3	用钢尺量
3	轴线位置		0～50mm	50m	5	用经纬仪、全站仪测量或尺量
4	断面尺寸	不小于设计值			3	用钢尺量
5	边坡	不陡于设计规定			1	用坡度尺量
6	伸缩缝	符合设计要求			3	观察
7	相邻节面错口		0～5mm		3	用钢尺量
8	压顶宽度、厚度		±2%		3	用钢尺量

6.3.3 管道

1 管道主体

1）管道及辅助材料的材质、规格、型号均应符合设计要求和相关规范规定。
2）沟槽开挖应符合设计要求，管道内不得有杂物。
3）地基承载力、稳定性应符合设计要求。
4）垫层材料应符合设计要求。
5）管道设计有支架或支墩，其质量应符合设计及相关规范要求。
6) 管道的安装、接口处理、坡度等应符合设计和相关规范要求。管道安装应严格密封,管道安装的位置应正确,严格按设计轴线位置安装。
7) 管道系统试水及试运行情况应达到设计要求。
8) 设计要求有防渗漏的管道必须做闭水试验,渗漏量应符合设计要求。
9) 管道主体质量检测项目应符合表 6.3.3-1 的规定。

表 6.3.3-1 管道主质量检测项目

项次	检测项目	质量要求	允许偏差(mm)	检测频率与范围		检测方法
				范围	点数	
1	轴线位置	0.30mm		50m	1	用经纬仪、全站仪测量
2	相邻管内底错口		0～5		3	用钢尺量
3	基础厚度	不小于设计要求			1	用钢尺量
4	抹带接口宽度、厚度		0～5		2	用钢尺量
5	管座宽度、厚度		－5～10		3	用钢尺量
6	回填密实度	≥90%			1	环刀法
7	内底高程		±20		1	用水准仪测量

2 附属设施

1) 附属设施质量应满足相应的规范要求,附属设施为定型产品或经技术鉴定的产品,要有产品出厂合格证,并满足相应的设计要求。
2) 附属设施的安装应符合设计要求和相关规范规定。
3) 附属设施与管道连接应密封、坚固。
4) 各类闸门、闸阀及安全保护装置应启闭灵活、运作自如。
5) 管道的配水控制装置(闸门、闸阀)应满足设计压力和流量要求,安全可靠、水流阻力小。

6)工程质量检测项目应符合表 6.3.3-2、表 6.3.3-3 的规定。

表 6.3.3-2 井室质量检测项目

项次	项目		质量要求	允许偏差（mm）	检测频率		检测方法
					范围	点数	
1	平面轴线位置（轴向、垂直轴向）			0~15	每座	2	用经纬仪、全站仪测量或钢尺量
2	结构断面尺寸			0~10		2	用钢尺量
3	井室尺寸	长宽		±20		2	用钢尺量
		直径				1	
4	井口高程	农田或绿地		20		1	用水准仪测量
		路面		与道路规划一致			
5	井底高程			±15		2	用水准仪测量

表 6.3.3-3 支墩质量检测项目

项次	项目	允许偏差（mm）	检测频率		检测方法
			范围	点数	
1	平面轴线位置（轴向、垂直轴向）	0~15	每座	2	用经纬仪、全站仪测量或钢尺量
2	支撑面中心高程	±15		3	用水准仪测量
3	结构断面尺寸(长、宽、厚)	0~10		3	用钢尺量

6.4 喷微灌工程

6.4.1 喷微灌工程的总体设计应根据灌区地形、土壤、气象、水文、地质、作物种植以及社会经济条件确定,符合农田水利规划要求。

6.4.2 喷微灌工程应包括水源工程、首部枢纽和管网规划布置。

6.4.3 喷微灌工程中涉及的设备工程质量应符合设计要求和现行国家标准《节水灌溉设备现场验收规程》GB/T 21031的相关规定。

6.4.4 工程设计应符合现行国家标准《喷灌工程技术规范》GB/T 50085和《微灌工程技术规范》GB/T 50485的相应规定。

6.5 排水工程

6.5.1 明沟

  1 一般规定

    1）明沟可划分为地基与基础、沟身主体两部分。

    2）排水沟的布置宜在满足排水要求的前提下，沟道顺直。

    3）明沟的土方工程、地基处理、(钢筋)混凝土工程、砌体工程应符合本标准第4章的相关规定。

  2 地基与基础

    1）地基承载力、稳定性应符合设计要求。

    2）垫层材料应符合设计要求。

    3）地基与基础质量检测项目应符合表6.5.1-1的规定。

表6.5.1-1 明沟地基与基础质量检测项目

项次	检测项目	质量要求	允许偏差（mm）	检测频率与范围		检测方法
				范围	点数	
1	底面高程		±15	50m	1	用水准仪测量
2	底板纵坡降	不陡于设计规定			1	用2m靠尺量
3	垫层宽度、厚度	不小于设计要求		10m	1	用钢尺量

  3 沟身主体

    1）伸缩缝的留置和填缝材料应符合设计要求。

    2）沟身两侧必须回填夯实。

3）沟底不得有建筑垃圾、砂浆、石块等杂物。

4）沟身主体质量检测项目应符合表 6.5.1-2 的规定。

表 6.5.1-2 明沟沟身主体质量检测项目

项次	检测项目	质量要求	允许偏差（mm）	检测频率与范围		检测方法
				范围	点数	
1	沟底高程		±10（混凝土） ±15（石）	50m	1	用水准仪测量
2	轴线位置		0～50	每一单元工程	5	用经纬仪或拉线和尺量
3	断面尺寸		±15		3	用钢尺量
4	伸缩缝	符合设计要求			3	观察
5	边坡	不陡于设计值			3	用坡度尺量

6.5.2 暗管

1 一般规定

1）暗管可划分为管道主体、附属建筑物两部分。

2）暗管的土方工程、地基处理应符合本标准第 4 章的相关规定。

3）暗管埋设深度、间距、坡度应符合设计及相关规范要求。

2 管道主体

1）管道及辅助材料的材质、规格、型号均应符合设计和相关规范要求。

2）管道安装、接口处理、坡度等应符合设计和相关规范要求。

3）管材铺放的管身必须垫稳,管底坡度不得有逆坡,管身不得有起伏不平。

4）管槽回填必须两侧同时进行,且在管顶上 30cm 内,不得回填石块、砖块等杂物。回填时,槽内应无积水,不得回填淤泥、腐殖土及有机物质。

5）吸水管起始端要距灌溉渠道3m～5m,管口应封闭。吸水管出口段3m左右内必须用不透水管铺设,管周围用黏土夯实,管口应伸出排水沟坡5cm～10cm。
6）暗管管道出口处应加设必要的控制装置。
7）暗管使用滤料必须符合设计要求。
8）暗管工程质量检测项目应符合表6.5.2的规定。

表6.5.2 暗管管道主体质量检测项目

项次	检测项目	质量要求	允许偏差（mm）	检测频率与范围		检测方法
				范围	点数	
1	轴线位置		0～15	每一单元工程	5	用经纬仪、全站仪或拉线和钢尺量
2	相邻管内底错口		0～5		3	用钢尺量
3	纵坡降	符合设计要求			3	用水准仪测量
4	基础厚度	不小于设计要求			3	用钢尺量,检查试验报告
5	抹带接口宽度、厚度		±5		3	用钢尺量
6	管座宽度、厚度		－5～10,±20		3	用钢尺量

3 附属建筑物

1）附属建筑物质量应满足相应的规范要求,附属建筑物为定型产品或经技术鉴定的产品,要有产品出厂合格证,并满足相应的设计要求。
2）附属建筑物的安装应符合设计要求和相关规范规定。
3）附属建筑物与管道连接应密封、坚固。
4）检查井位置设置应符合设计要求。
5）暗管口门安置牢固可靠,口门盖启闭方便。

6.6 渠系建筑物工程

6.6.1 水闸

1 一般规定

1) 水闸可划分为地基与基础、闸身主体及设备安装三部分。

2) 在灌溉渠道轮灌组分界处或渠道断面变化较大的地点应设节制闸。在临近分水闸的下游可根据需要设置节制闸。在灌溉引水渠道的首部应设置进水闸。在分水渠道的进口处应设分水闸。在灌溉斗渠末端应设退水闸。在骨干排水沟出口段应设排水闸。

3) 水闸的土方工程、钢筋混凝土工程和砌体工程的施工质量应符合本标准第 4 章的相关规定。

4) 水闸与桥梁、涵洞等单体结合修建时,应分别按本标准相应的单位工程进行验收。

2 地基与基础

1) 对于基础开挖深度大于 5m 的,应做好基坑围护及开挖排水设计,必要时需经专家评审后方可施工。

2) 桩基础验收应符合现行上海市工程建设规范《水利工程质量检验评定标准》DG/TJ 08－90 的要求。

3) 土方回填土应夯实,土方回填前应清除基底的垃圾、树根等杂物,抽除坑穴积水、淤泥,验收基底标高。如在耕植土或松土上填方,应在基底压实后再进行。对填方土料应按设计要求验收后方可填入。填方施工结束后,应检查标高、边坡坡度、压实程度等。

4) 水闸地基与基础质量检测项目应符合表 6.6.1-1 的规定。

表 6.6.1-1 水闸地基与基础质量检测项目

项次	检测项目	允许偏差(mm)	检测频率与范围		检测方法
			范围	点数	
1	轴线位置	0~50	每座	2	用经纬仪或全站仪测量
2	底面高程	−30~0		4	用水准仪测量
3	顶面高程	±30		5	用水准仪和钢尺量
4	垫层厚度	±20%设计厚度		4	用钢尺量
5	基坑边坡	设计值的5%		4	用坡度尺量

3 闸身主体结构

1) 水闸上、下游的岸墙及边墩应稳固,不渗漏水。
2) 伸缩缝的留置和填缝材料应符合设计要求。
3) 防渗、止水施工质量应符合设计及相关规范要求。
4) 反滤层及排水孔均应符合设计及相关规范要求。
5) 拦污栅栅条平行、焊接牢固,高程及垂直度应满足设计要求。
6) 水闸闸身主体结构检测项目应符合表 6.6.1-2 的规定。

表 6.6.1-2 水闸闸身主体结构质量检测项目

项次	检测项目		允许偏差(mm)	检测频率与范围		检测方法
				范围	点数	
1	轴线位移		0~10(混)	每座	2	用经纬仪或全站仪测量
			0~15(砌)			
2	顶面标高		±10(混)		2	用水准仪测量
			±15(砌)			
3	垂直度		±0.5%H 且≤15		1	用线锤或经纬仪测量
4	闸槽截面尺寸	宽	±10		3	用钢尺量
5		高	±5		3	用钢尺量
6	工作桥	长	−5~0		4	用钢尺量
7		宽	±5		4	用钢尺量
8		厚	±5		4	用钢尺量

注:H 为墩、墙的高度。

4 设备安装

1）安装前，应对闸槽、闸栅等土建部分尺寸进行复检，尺寸应符合设计图纸和安装要求。
2）埋件结构尺寸、形状及材料、规格、质量必须符合设计及相关规范要求。
3）埋件及闸门安装必须按照相关设计、规范的要求。
4）启闭机型号应符合设计要求。
5）启闭机安装必须符合相关规范要求。
6）启闭机空载和负荷运转应达到设计要求，运行5次，每次运行中，必须按额定负荷和设定的启闭器速度逐步进行，直至闸门运转自如，无异常现象为止。
7）水闸设备中电气工程的质量验收，应按本标准第6.7.3条的要求执行。
8）水闸设备安装质量检测项目应符合表6.6.1-3、表6.6.1-4的规定。

表 6.6.1-3 启闭器安装质量检测项目

项次	检测项目	允许偏差（mm）	检测频率与范围		检测方法
			范围	点数	
1	机架高程	±5	每座	5	用钢直尺、水准仪、经纬仪、全站仪、垂球量
2	启闭机纵、横向中心线与闸门吊耳实际位置测得的起吊中心线之差（mm）	±2		1	用线锤、钢尺量

表 6.6.1-4 闸门安装质量检测项目

项次	检测项目		允许偏差（mm）	检测频率与范围		检测方法
				范围	点数	
1	闸板厚度	钢闸门	±2	每扇闸门	2	用钢尺量
		水泥闸门	±10		2	用钢尺量
		木板闸门	±5		2	用钢尺量
2	闸板板面尺寸		±5			用钢尺量
3	闸板与闸槽间隙		≤5			用钢尺量

6.6.2 渡槽
1 一般规定
1）渡槽可划分为地基与基础、槽墩（台）、槽身、进出水口四部分。
2）渡槽的土方工程、（钢筋）混凝土工程和砌体工程的施工质量应符合本标准第 4 章的相关规定。
2 地基与基础
1）桩基础验收应符合现行上海市工程规范《水利工程质量检验评定标准》DG/TJ 08-90 的要求。
2）表层不得有虚土、杂物，基础的开挖、地基承载力、压实度、稳定性应符合设计要求。
3）基础回填土应夯实。所用砌体材料，砂浆和混凝土所用的水泥、砂、石、水、外加剂及混合材料的质量和规格应符合设计及相关规范要求。
4）渡槽地基与基础工程质量检测项目应符合表 6.6.2-1 的规定。

表 6.6.2-1 渡槽地基与基础质量检测项目

项次	检测项目	允许偏差（mm）	检测频率与范围		检测方法
			范围	点数	
1	基础尺寸	±50	每支撑部位	3	用钢尺量
2	轴线位置	0～10		1	用经纬仪、全站仪测量
3	基础底面高程	±50		5	用水准仪和钢尺量
4	顶部标高	0～10		2	用水准仪测量
5	垫层厚度	±10		3	用钢尺量

3 槽墩（台）
1）槽台的底板应按照设计要求放置于夯实土上。
2）槽墩（台）与基础连接紧密。
3）槽墩质量检测项目应符合表 6.6.2-2 的规定。

表 6.6.2-2 槽墩(台)质量检测项目

项次	检测项目	允许偏差（mm）	检测频率与范围		检测方法
			范围	点数	
1	轴线位置	0~10(混) 0~15(砌)	每墩(台)	1	用经纬仪或全站仪测量
2	断面尺寸	±10(混) ±20(砌)		3	用钢尺量
3	墙面垂直度	0.5%H		2	用经纬仪、全站仪、吊线和钢尺检查或用其他测量仪器检查
4	顶面标高	±10		2	用水准仪测量
5	预埋件位置	符合设计规定，设计未规定时：0~10		2~4	用钢尺量

注：H 为墙高(mm)。

4 预制混凝土槽身

1）槽身支撑在槽台和槽墩上必须平稳，支点处必须接触严密、稳固。

2）相邻槽之间的缝隙必须嵌填密实，勾缝宽窄要均匀圆顺，砂浆表面光洁，无毛糙、起砂现象，符合规范要求。

3）伸缩缝的留置和填缝材料应符合设计要求。

4）活动支座必须按设计要求处理，支座接触必须严密，不得有空隙。

5）预制混凝土槽身检测项目应符合表 6.6.2-3 的规定。

表 6.6.2-3 预制混凝土槽身质量检测项目

项次	检测项目		允许偏差（mm）	检测频率与范围		检测方法
				范围	点数	
1	平面位置	顺槽身方向	0～10	每处	1	用经纬仪、全站仪测量
		垂直槽身方向	0～5			
2	管槽接口抹带	宽度	0～5		2	用钢尺量
		厚度	0～5		2	用钢尺量

5 现浇混凝土槽身

1) 伸缩缝的留置和填缝材料应符合设计要求。
2) 设计要求有防渗漏要求的应做充水试验或满水试验，渗漏量应符合设计要求。
3) 槽身质量检测项目应符合表 6.6.2-3 的规定。

6 进（出）水口

1) 表层不得有虚土、杂物。
2) 闸门、拦污栅的孔口尺寸、材料强度、布置和防腐应满足设计要求。
3) 现浇混凝土进出水口质量检测项目应符合表 6.6.2-4 的规定。

表 6.6.2-4 现浇混凝土进出水口质量检测项目

项次	检测项目	允许偏差（mm）	检测频率与范围		检测方法
			范围	点数	
1	标高	±30	5m～10m	1	用水准仪测量
2	平面尺寸	−10～20		1	用经纬仪、全站仪或钢尺测量
3	表面平整度	0～20		1	用靠尺检测
4	墙体厚度	±20	每构件	3	用钢尺量

6.6.3 倒虹吸

1 一般规定

1) 倒虹吸可划分为管身主体、进（出）水井（口）两部分。

  2)倒虹吸的土方工程、地基处理、(钢筋)混凝土工程、砌体工程应符合本标准第 4 章的相关规定。

 2 管身主体

  1)倒虹吸管身主体质量检验评定应按本标准第 6.3.3 条的相关规定执行。

  2)倒虹吸管覆土厚度应满足设计要求。

 3 进(出)水井(口)

  1)断面尺寸及平面布置应符合设计要求。

  2)基础开挖应符合设计要求。

  3)地基承载力、压实度、稳定性应符合设计要求。

  4)垫层材料应符合设计要求。

  5)拦污栅的孔口尺寸、布置和防腐应满足设计要求。

  6)进、出口设计有闸门的,质量检验评定按照本标准第 6.6.1 条的相关规定执行。

  7)倒虹吸管道进出口与明渠联接的翼墙必须稳定牢固。

  8)进出水口检测项目应符合表 6.6.3-1 的规定。

表 6.6.3-1 倒虹吸进出水口质量检测项目

项次	检测项目	允许偏差(mm)	检测频率与范围		检测方法
			范围	点数	
1	底面高程	±30	每座	2	用水准仪测量
2	顶面高程	±20		1	用水准仪测量
3	平面尺寸	-10~20		2	用经纬仪、全站仪或钢尺测量
4	墙面垂直度	$0.2\%H$		2	用垂线检验
5	表面平整度	20		2	用靠尺检测

注:H 为墙高(mm)。

  9)倒虹吸管进出口两侧翼墙检测项目应符合表 6.6.3-2 的规定。

表 6.6.3-2 倒虹吸进出口两侧翼墙检测项目

项次	项目		质量要求	允许偏差(mm)	检测频率		检测方法
					范围	点数	
1	平面布置	浆砌块石翼墙		0~50	进出口两侧	4	用经纬仪或全站仪测量
		混凝土翼墙		0~30		4	
2	顶面高程	浆砌块石翼墙		±20		4	用水准仪测量
		混凝土翼墙		±10		4	
3	断面尺寸(mm)		不小于设计要求		进出口	2	用钢尺量

6.6.4 农桥

1 一般规定

1) 农桥可划分为地基与基础、桥墩（台）、梁板、桥面及护栏等五部分。
2) 农桥的土方工程、（钢筋）混凝土工程和砌体工程的施工质量应符合本标准第 4 章的要求。桩基础应按现行行业标准《公路工程质量检验评定标准》JTG F80/1 执行。
3) 农桥分为机耕桥及人行桥。
4) 施工完成后应进行荷载实验。

2 地基与基础

1) 表层不得有虚土、杂物，基础的开挖、地基承载力、压实度、稳定性应符合设计要求。
2) 具体检测项目应符合表 6.6.4-1 的规定。

表 6.6.4-1 农桥地基与基础质量检测项目

项次	检测项目	允许偏差(mm)	检测频率与范围		检测方法
			范围	点数	
1	基础尺寸	±50	每支撑部位	3	用钢尺量
2	轴线位置	0~10		1	用经纬仪或全站仪测量
3	基础底面高程	±50		5	用水准仪和钢尺测
4	顶部标高	0~10		2	用水准仪测量
5	垫层厚度	±10		3	用尺钢量

3 桥墩(台)

1）桥台回填料必须满足设计要求。
2）反滤层及排水孔布设应满足设计要求。
3）预埋件的设置和固定应满足设计和施工技术要求。
4）农桥桥墩(台)质量检测项目应符合表 6.6.4-2 的规定。

表 6.6.4-2　农桥桥墩(台)质量检测项目

项次	检测项目	允许偏差（mm）	检测频率与范围		检测方法
			范围	点数	
1	轴线偏移	0～10(混)	每墩（台）	1	用经纬仪或全站仪量 1 点
		0～15(砌)			
2	断面尺寸	±10(混)		3	用钢尺量
		±20(砌)			
3	墙面垂直度	0.5%H		2	用经纬仪、全站仪、吊线和尺检查或用其他测量仪器检查
				2	
4	顶面标高	±10		2	用水准仪测量
5	预埋件位置	符合设计规定,设计未规定时：0～10		2～4处	用钢尺量

注：H 为墙高(mm)。

4 现浇梁板

1）材料的质量和规格必须符合相关规定的要求。
2）预应力钢筋的孔道必须通顺、洁净,张拉后压浆必须密实,不得有露筋现象。
3）梁线形应平顺,无明显折边。
4）桥面排水孔、伸缩缝应做防水处理。
5）预埋件的设置和固定应满足设计和施工技术要求。
6）农桥现浇梁板质量检测项目应符合表 6.6.4-3 的规定。

表 6.6.4-3 农桥现浇梁板质量检测项目

项次	检测项目		允许偏差(mm)	检测频率与范围		检测方法
				范围	点数	
1	轴线位置		0~8	每一单元工程	2	用经纬仪、全站仪测量
2	顶面高程		±10		2	用水准仪测量
3	断面尺寸	宽度	±10		3	用钢尺量上、中、下各1点
4		高度	±5		3	
5		长度	±10		2	用钢尺量

5 预制梁板

1) 梁板安装必须平稳,支点必须接触严密、稳固。
2) 相邻梁板必须用砂浆或混凝土嵌填密实。
3) 梁线形应平顺,无明显折边。
4) 接缝应整齐顺滑。
5) 伸缩缝的留置和填缝材料应符合设计要求。
6) 梁板质量检测项目应符合表 6.6.4-4、表 6.6.4-5 的规定。

表 6.6.4-4 农桥预制梁板质量检测项目

序号	检测项目		允许偏差(mm)		检测频率	
			梁	板	范围	测点数
1	断面尺寸	宽度	-10~0	-10~0	每个构件每一类型抽查10%且不少于5件	5
		高度	-5~10	±5		5
		壁厚	0~5	—		5
2	长度		-10~0	-10~0		4
3	侧向弯曲矢高		L/100 且≤10	L/1000		2
4	两边对角线长度差		0~10	0~10		1
5	预埋件、预留孔位置		0~10	0~10	抽查总数50%	1

注:L 为构件长度(mm)。

表 6.6.4-5 农桥预制梁板安装质量检测项目

序号	检测项目		允许偏差（mm）	检测频率		检测方法
				范围	点数	
1	平面位置	顺纵线方向	0～10	每梁板	1	用经纬仪或全站仪测量
		垂直轴线方向	0～5		1	
2	顶面标高		±15		2	用水准仪测量
3	搁置长度		±15		2	用钢尺量
4	伸缩缝宽度		-5～10		1	用钢尺量
5	支座底板	每块位置	0～5		2	用钢尺量
		每块边缘高差	0～1		2	用钢尺量纵横各1点
6	焊缝长度		0～10	每梁板（抽查25%）	2	用钢尺量
7	梁间焊接板离缝		0～20		2	

6 桥面

具体检查检测项目应按本标准第 7.3 节执行。

7 护栏

1）护栏材料的质量和规格必须符合相关规定的要求。

2）预埋件的设置和固定应满足设计和施工技术要求。

3）护栏尺寸质量检测项目应符合表 6.6.4-6 的规定，护栏安装质量检测项目应符合表 6.6.4-7 的规定。

表 6.6.4-6 农桥护栏尺寸质量检测项目

序号	检测项目		允许偏差（mm）	检测频率		检测方法
				范围	测点数	
1	断面尺寸	宽度	±5	每个构件每一类型抽查10%且不少于5件	5	用钢尺量
		高度	±5		5	
2	长度		-5～0		4	用钢尺量两侧上、下各1点
3	两边对角线长度差		0～10		1	用钢尺量
4	预埋件、预留孔位置		0～10	抽查总数50%	1	用钢尺量纵横两方向取大值

表 6.6.4-7　农桥护栏安装质量检测项目

序号	检测项目		允许偏差（mm）	检测频率		检测方法
				范围	点数	
1	直顺度	地梁	0～7	每跨侧	1	拉10m线量最大值
		扶手	0～5		1	
2	垂直度	护栏柱	0～3		抽查20%，每处1点	用垂线量
3	相邻护栏扶手高差	有柱	0～5		抽查20%，每处1点	用钢尺量
		无柱	0～1		抽查20%，每处1点	

6.6.5 涵洞

1　一般规定

涵洞的土方工程、桩基础、地基处理、钢筋混凝土工程、混凝土工程、砌体工程应符合本标准第4章的相关规定。

2　地基与基础

1）表层不得有虚土、杂物。

2）涵洞及辅助材料的材质、规格、型号应符合设计要求和相关规范的规定。

3）管道必须垫稳，设计有支架或镇墩的，其质量应符合设计及相关规范要求。

4）设计有防渗要求的，应做渗漏实验，渗漏量应符合设计要求。

5）涵洞上下游的挡土翼墙必须稳定、牢固。

6）翼墙质量检测项目应符合表 6.6.3-2 的规定。

7）地基与基础工程质量检测项目应符合表 6.6.5 的规定。

表 6.6.5　涵洞地基与基础质量检测项目

项次	检测项目	质量要求	允许偏差（mm）	检测频率与范围		检测方法
				范围	点数	
1	轴线位置		0～30	进出口段	3	用经纬仪、全站仪测量
2	管底高程		±15		3	用水准仪测量
3	顶面高程		±20		5	用水准仪和钢尺测量
4	纵坡降	符合设计要求			3	用水准仪测量

3 涵管主体

　　1）涵洞管道工程质量检验评定按照本标准第 6.3.3 条中管道主体的相关规定执行。

　　2）管道的安装、接口处理、坡度等应符合设计和相关规范要求。

　　3）涵洞填土厚度、压实度应满足设计要求。

6.6.6 放水口

1 放水口的土方工程、地基处理、混凝土工程、砌体工程的质量应满足本标准第 4 章的相关规定。

2 放水口所用的材质及规格型号应符合设计和相关规范要求。

3 放水口构件安装的位置、接口处理、坡度等应符合设计和相关规范要求。

4 放水口质量检测项目应符合表 6.6.6 的规定。

表 6.6.6 放水口质量检测项目

项次	检测项目	允许偏差（mm）	检测频率与范围		检测方法
			范围	点数	
1	轴线位置	±25	每座	5	用经纬仪、全站仪或拉线和钢尺测量
2	高程	±30	每座	5	用水准仪和钢尺测量
3	管座宽度、厚度	±2%		3	用钢尺量
4	相邻节面错口	0~5		3	用钢尺量

6.6.7 下田道

1 下田道的土方工程、地基处理、混凝土工程、砌体工程质量应符合本标准第 4 章的相关规定。

2 下田道路面质量应按本标准第 7.3 节执行。

3 下田道宽度应满足设计要求。

4 下田道的位置应能保证道路与田块衔接合理。

5 下田道过沟渠时应布置涵管或钢筋混凝土面板,并采取有效保护措施,避免施工和使用期间对其造成影响。

6.7 泵站及输配电工程

6.7.1 泵站

1 一般规定
  1）泵站可划分为地基与基础、泵房主体、进（出）水建筑物、设备安装四部分。
  2）泵站的土方工程、地基与基础工程、泵房主体结构、进（出）水建筑物的（钢筋）混凝土工程及砌体工程应符合本标准第4章的相关规定。

2 泵房装饰工程
  1）门窗安装必须牢固,位置准确,开启灵活,无变形、翘曲现象。预埋件和小五金安装位置准确,数量齐全。
  2）油漆粉刷应光亮均匀一致,严禁有脱皮、漏刷和返锈现象,基本无流坠、皱皮现象,不得污染小五金和拉手等。
  3）地板面层与底层结合必须牢固、无空鼓,表面应平整洁净,无明显脱皮、起砂和裂缝现象。
  4）抹灰层与基层的粘接必须牢固,无脱层、空鼓,面层无爆灰和裂缝等缺陷。表面应光滑、洁净、接茬平整、线角顺直。
  5）屋面防水应满足设计要求,不得有渗漏。
  6）泵房装饰工程质量检测项目应符合表6.7.1-1的规定。

表 6.7.1-1 泵房装饰工程质量检测项目

项次	检测项目	允许偏差（mm）	检测频率与范围		检测方法
			范围	点数	
1	轴线位置	≤15	每个构筑物纵横	1	用经纬仪或全站仪测量
2	室内地面高程	±10	每个构筑物	1	用水准仪具测量
3	尺寸:长、宽或直径	≤0.2‰且不大于25		1	用钢尺量
4	墙面垂直度	0.2‰H（高度:m）且不大于10	每个构筑物（每结构层）	4	用2m直尺或小线量到最大值
5	墙柱表面平整度	清水墙≤5,混水墙≤8		4	用2m直尺或小线量到最大值
6	预埋件、预留孔位移	≤5	每件(孔)	1	用钢尺量取纵、横向最大值
7	门、窗口对角线长度差	0～5	每樘	1	用钢尺量
8	地面平整度	0～4	每自然间	3	用直尺和楔形塞尺检查

注：H 为墙高(mm)。

3 设备安装

1) 地脚螺栓必须埋设牢固,丝扣外露部分应符合设计要求并进行防锈处理。
2) 在挖方前,应做好地面排水和降低地下水位工作。
3) 泵站基础质量检测项目应符合表 6.7.1-2 的规定。

表 6.7.1-2　泵站基础质量检测项目

项次	项目		允许偏差（mm）	检测方法和检测次数		检测方法
				范围	点数	
1	基座尺寸		±10	泵站、设备、进水池、出水池各部分	3	用钢尺量
2	预埋地脚螺栓孔	中心线位置	0~5		3	用钢尺检查
3		深度	0~20		3	用钢尺检查
4	预留孔位置		0~10		3	用钢尺量
5	基座顶面高程		0~10		3	用水准仪测量
6	基座平整度		0~8		3	用 2m 直尺量
7	垂直度		0.5%H		3	用垂线与钢尺量

注：H 为基座高(mm)。

4）混凝土基础及结构支架在设备安装前必须达到设计允许安装的强度和刚度要求。

5）水泵座的高程、水平度、螺栓孔位置、中间辅承预埋件及高程、轴与埋件垂直偏差，电机层高程及水平度等偏差应符合设计要求，并符合安装要求。预埋件及预留孔必须符合设计要求，预埋件必须埋设牢固。

6）主机泵设备组合缝检查：

（1）组合缝用 0.05mm 塞尺检查不得通过。

（2）当允许有局部间隙时，可用 0.1mm 塞尺检查，深度不宜超过组合宽度的 1/3，累计长度不超过总长度的 20%。

（3）紧配组合螺栓及销钉周围不应有间隙，组合缝处的安装面错位不宜超过 0.1mm。

7）设备应有出厂检验合格证书，按照设计以及设备制造厂的技术文件进行安装。

8）安装设备的数量、规格、材质、型号应符合设计要求。

9）管路安装应无渗漏，符合试压试运行要求。

10）水泵安装质量检测项目应符合表 6.7.1-3 的规定。

表 6.7.1-3 水泵安装质量检测项目

项次	项目		质量要求	允许偏差（mm）	检测频率域范围		检测方法
					范围	频率	
1	联轴器同心度	轴向倾斜		0.8/m		4	用水平仪和塞尺检查，在联轴器相互垂直四个位置
2		径向位移		0.1/m			
3	水泵与动力机的中心距		符合设计要求			3	用钢尺量
4	皮带传动轮宽中心平面位移	平皮带		1.5	每台	2	用钢尺量
		三角皮带		1.0			
5	电线芯径			±2		3	用卡尺量
6	接线相序		符合安装规定				启动运转
7	接线端供电电压		符合设计要求			3	用万能表检验

4 泵站试运行

1）泵站试运行在机组启动前必须具备以下条件：

（1）泵站土建工程已基本完成，需动用的建筑物部分已通过阶段验收。

（2）主机泵辅助设备调试工作已经结束。启动试运行方案已经有关部门批准，各项安全操作规程已经制定，运行人员已经配齐，岗位责任已经明确。

2）机组联合运行不宜少于 6h，如确因水源不足的原因要求减少运行时间，应征得工程主管部门同意。运行过程中电动机功率不得超过额定功率。此期间要求机组开停不少于 3 次。

3）开机前，下列项目应检查并符合要求：

（1）电机绝缘应符合规范或设计要求。

（2）主机泵供水系统应完备。

(3) 电动机保护联动装置应正常。
　　(4) 高低压供电设备安全检查正常。
　　(5) 上、下游应无影响运行安全的情况。
　　(6) 装置模拟联动试验控制,保护回路信号动作准确可靠。
　　(7) 检查水力监测系统(包括水位、压力、流量等的测定)应满足设计运行要求。
　　(8) 泵站应备有日常维修运行的测试设备。
　4) 试运行检测项目:
　　(1) 电动机的电流、电压、功率数据可靠且在允许范围内。
　　(2) 水泵、电动机无异常噪声及振动。
　　(3) 拍门开启正常。
　　(4) 电机振动双振幅符合要求。
　　(5) 水泵出水压力和流量
　5) 遇到下列情况,应立即停机,进行处理:
　　(1) 主机运转声音异常或发热、转速下降。
　　(2) 主泵内有清脆金属撞击声。
　　(3) 主机轴瓦(承)发热。
　　(4) 机泵突然发生振动。
　　(5) 辅助设备发生故障,危及主机泵正常进行。

6.7.2 输电线路

泵站宜采用专用直配输电线路供电。项目区内输电线路宜采用架空线路,电压等级宜为 6kV 或 10kV。输电线路工程的验收应符合相关标准要求。

6.7.3 配电装置

1 变压器及配电柜
　1) 变压器水平倾斜不大于台架根开的 1/100。
　2) 变压器安装一、二次引线排列整齐,绑扎牢固。
　3) 油枕、油位正常,外壳干净。
　4) 套管压线螺栓等部件齐全。

5）进线架上跌落式熔断器、避雷器和支持绝缘子完好无损坏。
6）主体、附件安装符合设计要求。
7）接地体规格、埋设深度应符合设计规定。
8）接地装置的连接应可靠。
9）接地引下线与接地体连接,接地电阻测量值应符合要求。
10）各部件表面光洁,安装牢固,操作灵活。
11）变压器安装质量检测项目应符合表6.7.3-1的规定。

表6.7.3-1 变压器安装质量检测项目

项次	项目	质量要求	检测方法
1	水平倾斜	≤台架根开的1/100	用钢尺量,全数检查
2	上层油温	≤85℃	用温度表量,不少于3次
3	最高油温	≤95℃	
4	接地电阻	≤4Ω	用兆欧表量,不少于10次
5	重复接地	≤10Ω	

12）配电柜安装应按照配电柜安装说明书的要求,满足使用要求。
13）柜台安装牢固、紧密。
14）配电柜安装质量检测项目应符合表6.7.3-2的规定。

表6.7.3-2 配电柜安装质量检测项目

项次	项目		允许偏差(mm)	检测方法
1	柜体垂直度		<1.5‰	用铅垂线、钢尺、水平尺量
2	柜体平度	相邻两柜	1	
3		成列柜	5	
4	柜间缝		2	
5	母线、电缆与电器间隙	线接触	0.05	观察,用塞尺量
6		面接触	4	

2 接地与避雷设施安装

1) 接地装置与避雷设施的器材及其型号规格必须符合设计要求及相关规范规定。
2) 接地电阻必须符合设计要求和相关规范规定。
3) 用结构主筋作为接地体时,基础、框架、梁柱的主筋必须电焊搭接;与结构钢筋联接成整体的接地装置,每组接地体主筋最少有 2 根,焊接牢固,并有明显标记。在相应部位必须留有引出桩头。
4) 接地体焊接应牢固,垂直埋入,位置正确,顶端的埋入深度应符合设计要求。
5) 明敷接地线应按水平或垂直方向敷设,不应有高低起伏或弯曲现象,跨越伸缩缝、沉降缝处应设补偿器。
6) 电机、变压器、配电控制保护屏(柜和箱)及操作台等的金属框架和底座均应有可靠接地。
7) 接地线连接应紧密、牢固,螺栓连接的紧固件应齐全,焊接连接的焊缝应均匀、饱满,无明显气孔、咬边等缺陷。
8) 接地线防腐处理应均匀、无遗漏。
9) 建筑物上的避雷设施与引下线必须焊接,有多个分接地装置时。每根防雷引下线应在距地面 1.5m～1.8m 处设置断接卡。断接卡应加保护措施。
10) 接地装置的安装应配合建筑工程的施工,隐蔽部分必须在覆盖前会同有关单位做好中间检查及验收记录。
11) 防雷接地可与工作接地、保护接地合用一个接地装置,若采用独立的防雷接地装置,则接地装置的冲击接地电阻不宜超过 30Ω,独立防雷接地装置和保护接地装置的地中距离不应小于 3m。接地线搭接长度应符合表 6.7.3-3 的规定。接地与避雷设施安装检查应符合表 6.7.3-4 的规定。

表 6.7.3-3 接地线搭接长度

序号	检测项目	规定值	检测范围及数量	检测方法
1	扁钢焊接长度	$\geqslant 2b$	每处逐个检查	用钢尺量
2	扁钢焊接棱边	$\geqslant 3$	每处逐个检查	观察
3	圆钢焊接长度	$\geqslant 6d$	每处逐个检查	用钢尺量

注:b 为扁钢宽度,d 为圆钢直径,单位为 mm。

表 6.7.3-4 接地与避雷设施安装检查

序号	项目	检测要求	检测方法
1	避雷设施的器材及其型号规格	符合要求	检查
2	避雷接地电阻	$\leqslant 10\Omega$	用兆欧表量测
3	保护接地电阻	$\leqslant 4\Omega$	用兆欧表量测
4	接地体焊接应牢固	符合要求	查资料实物
5	设备应有可靠接地	符合要求	检查

7 田间道路工程

7.1 一般规定

7.1.1 田间道路分为田间道和生产路。田间道分为新建田间道、修复田间道；生产路分为新建生产路、修复生产路。

7.1.2 田间道路结构由路基、路面和路肩三部分组成。

7.1.3 路基的开挖和填筑质量、路面与路肩的施工质量与使用的材料应满足设计和相关规范的规定。土方工程、混凝土工程、砌体工程应符合本标准第 4 章的相关规定。对软土路基处理应按现行行业标准《公路路基施工技术规范》JTG F10 及相关规范要求执行。

7.1.4 路面应具有良好的稳定性和足够的强度，其表面应满足抗滑和排水的要求。

7.1.5 路肩表面应平整密实，路肩边缘应直顺，曲线圆滑应满足设计和规范要求。

7.2 路 基

7.2.1 土方路基

    1 在路基用地和取土坑范围内，应清除地表植被、杂物、积水、淤泥和表土，处理坑塘，并按规范和设计要求对基底进行压实。

    2 路堑开挖应边线顺直，坡面应平整、稳定。

    3 路基回填表面应平整，边线应直顺，路基边坡坡面应平顺稳定。

    4 开挖至路基顶面时应注意预留碾压沉降高度，其数值可通过试验确定。

5 土方路基质量检测项目应符合表 7.2.1 的规定。

表 7.2.1 土(石)方路基质量检测项目

项次	检测项目		质量要求	允许偏差（mm）	检测频率与范围		检测方法
					范围	点数	
1	压实度（土方）		≥90%		2000m²	4	环刀法
2	纵横高程			−20～10		4	用水准仪和钢尺测量
3	宽度		不小于设计值			4	用钢卷尺量
4	平整度			0～20		4	用 3m 直尺量
5	横坡			±0.5%	200m	4	用坡度尺量
6	边坡	坡度	不陡于设计值			3	用水准仪测量
		平顺度	符合设计要求			3	用 20m 线和钢尺量
7	中线偏位			0～100		4	用经纬仪或全站仪测量
8	垫层厚度		不小于设计值			4	用钢尺量

7.2.2 石方路基

1 石方开挖应及时清理障碍物,确保边坡安全、稳定。

2 填筑修筑填石路基时应进行地表清理,逐层水平填筑石块,摆放平稳,码砌边部。填筑层厚度及石块尺寸应符合设计和施工规范规定,填石空隙用石碴、石屑嵌压稳定。

3 路基表面应整修平整。

4 块石基层应分层找平,不应任意抛填,大石块间空隙应用小石块填满铺平。

5 石方路基质量检测项目应符合表 7.2.1 的规定。

7.3 路 面

7.3.1 混凝土面层

1 混凝土面板宜用草袋、草帘等进行湿水养护,洒水应均匀,保持混凝土表面处于潮湿状态。混凝土板在养护期间和填缝前,应禁止车辆通行。在达到设计强度的40%后,方可允许行人通行。

2 接缝的位置、规格、尺寸及传力杆、拉力杆的设置应符合设计要求。

3 路面拉毛或机具压槽等抗滑措施,其构造深度应符合设计要求。

4 面层与其他构造物相接应平顺,路面边缘无积水现象。

5 混凝土路面铺筑后按施工规范要求养护。

6 混凝土面层质量检测项目应符合表7.3.1的规定。

表7.3.1 混凝土面层质量检测项目

项次	检测项目	允许偏差(mm)	检测频率与范围		检测方法
			范围	点数	
1	平整度	0~5	100m	1	用3m直尺量
2	相邻板高差	0~2		1	用钢尺量
3	中线高程	±6		5	用水准仪测量
4	路面宽度	30		3	用钢卷尺量
5	横坡	±0.5%		2	用水准仪或水平尺测量
6	浇筑厚度	±10		2	用钢尺量

7.3.2 泥结石面层

1 泥结石拌和料材质、级配应符合设计要求。

2 配料必须准确,塑性指数必须符合规定。

3 混合料拌和均匀,无明显离析现象。

4 压实后表面应平整、密实,无明显轮迹,无沉陷、松散现象。

5 泥结石面层质量检测项目应符合表7.3.2的规定。

表 7.3.2 泥结石面层质量检测项目

项次	检测项目	质量要求	允许偏差（mm）	检测频率与范围		检测方法
				范围	点数	
1	压实度	≥95％或符合设计要求		200m	3	环刀法
2	平整度		15		3	用2m靠尺量
3	纵断高程		±20		5	用水准仪和钢尺测量
4	宽度		±20		3	用钢尺量
5	厚度		－20		3	用钢尺量
6	横坡		±0.5％		3	用水准仪测量

7.3.3 砂砾石面层

1 砂砾石集料级配符合设计及规范要求。

2 砂砾石拌和均匀,无粗细离析。

3 石料强度应符合设计要求。

4 稳定土应采用机械拌和,也可采用平地机或多铧犁进行拌和。拌和料应湿度均匀,含水量控制符合设计及试验要求。

5 碾压后应表面平整、密实,无明显轮迹,无沉陷、松散现象。

6 砂砾石面层质量检测项目应符合表7.3.3的规定。

表 7.3.3 砂砾石面层质量检测项目

项次	检测项目	质量要求	允许偏差（mm）	检测频率与范围		检测方法
				范围	点数	
1	压实度	≥90％或符合设计要求		200m	3	环刀法
2	平整度		15		3	用2m靠尺量
3	纵断高程		±20		5	用水准仪和尺测量
4	宽度		±20		3	用钢尺量
5	厚度		－20		3	用钢尺量
6	横坡		±0.5％		3	用水准仪测量

7.4 路 肩

7.4.1 浆砌石(砖)路肩
1 砂浆配合比应符合设计要求和相关规范规定。
2 砌筑砂浆嵌填饱满密实,不得有孔洞,勾缝平顺。
3 沉降缝的设置位置、质量、数量应符合设计要求。
4 路肩表面应平整密实、边线直顺、曲线圆滑。
5 浆砌石(砖)路肩质量检测项目应符合表 7.4.1 的规定。

表 7.4.1 浆砌石(砖)路肩质量检测项目

项次	检测项目		允许偏差(mm)	检测频率与范围		检测方法
				范围	点数	
1	断面尺寸		±20	200m	3	用钢尺量
2	垂直度		0.5%H		3	用垂线与尺量
3	平整度		±20		3	用2m直尺量
4	沉降缝	间距	±20		3	用钢尺量
5		缝宽	±5		3	用钢尺量
6	顶面高程		±20		3	用水准仪测量

注:H 为构筑物高度(mm)。

7.4.2 混凝土路肩
1 地基承载力应满足设计要求。
2 混凝土不得有裂缝、孔洞。
3 沉降缝的设置位置、质量、数量应符合设计要求,沉降缝整齐垂直、上下贯通。
4 整平时必须保持模板顶面整洁,接缝处版面平整。
5 混凝土路肩质量检测项目应符合表 7.4.2 的规定。

表 7.4.2 混凝土路肩质量检测项目

项次	检测项目		质量要求	允许偏差（mm）	检测频率与范围		检测方法
					范围	点数	
1	断面尺寸			±20	200m	3	用钢尺量
2	垂直度			0.5%H		3	用垂线与尺量
3	平整度			0～5		3	用3m直尺量
4	沉降缝	间距		±20		3	用钢尺量
5		缝宽		±5		3	用钢尺量
6	填缝材料		符合设计要求				检查材料
7	顶面高程			±20		3	用水准仪测量

注：H 为构筑物高度(mm)。

7.4.3 加工石质路缘石

1 加工石材规格尺寸、石材强度应符合设计要求。

2 路缘石应安砌稳固，顶面平整，缝宽均匀，勾缝密实，线条直顺，曲线圆滑美观。

3 加工石质路缘石质量检测项目应符合表 7.4.3 的规定。

表 7.4.3 加工石质路缘石质量检测项目

项次	检测项目	允许偏差（mm）	检测频率与范围		检测方法
			范围	点数	
1	石质路缘石尺寸	±10	200m	5	用钢尺量
2	直顺度	0～10			拉20m小线取最大值
3	相邻块高差	0～3		3	用钢尺量
4	缝宽	±3		3	用钢尺量
5	顶面高程	±10		3	用水准仪测量

7.4.4 预制混凝土路缘石

1 预制混凝土表面不得有蜂窝、露石、脱皮、裂缝等现象。

2 路缘石应安砌稳固，顶面平整，缝宽均匀，勾缝密实，线条直顺,曲线圆滑美观。

3 预制混凝土路缘石质量检测项目应符合表 7.4.4 的规定。

表 7.4.4 预制混凝土路缘石质量检测项目

项次	检测项目	允许偏差 (mm)	检测频率与范围		检测方法
			范围	点数	
1	外形尺寸	±5	200m	5	用钢尺量
2	直顺度	0~10			拉 20m 小线取最大值
3	相邻块高差	0~3		3	用钢尺量
4	缝宽	±3		3	用钢尺量
5	顶面高程	±10		3	用水准仪测量

7.4.5 素土路肩

1 路肩必须表面平整密实,不积水。

2 路肩边缘直顺,曲线圆滑。

3 路肩允许偏差应符合表 7.4.5 的规定。

表 7.4.5 素土路肩质量检测项目

项次	检测项目		质量要求	允许偏差 (mm)	检测频率与范围		检测方法
					范围	点数	
1	压实度		不小于设计值		500m	1	环刀法或灌砂法
2	平整度	土路肩		0~20	200m	2	用 3m 直尺量
3		硬路肩		0~10		2	
4	宽度		不小于设计值			2	用钢卷尺量
5	横坡			±1%		1	用水平尺、钢尺量

8 农田防护与生态环境保持工程

8.1 一般规定

8.1.1 农田防护与生态环境保持工程包括农田林网工程、岸坡防护工程、河道整治工程和生态保护工程。其中,农田林网工程分为农田防护林、护路护沟林、护岸林;岸坡防护工程分为护基(脚)工程和护岸工程;河道整治工程分为河道清淤工程和河道开挖工程;生态保护工程分为绿化工程和其他工程。

8.1.2 农田防护与生态环境保持工程质量的验收应符合现行行业标准《园林绿化工程施工及验收规程》CJJ 82 和现行上海市工程建设规范《园林绿化工程施工质量验收规范》DG/TJ 08—701 的相关规定。

8.2 农田林网工程

8.2.1 农田防护林

1 林带的设计按照现行上海市工程建设规范《生态公益林建设技术规程》DG/TJ 08—2058 进行。

2 提倡"适地适树",依照现行上海市工程建设规范《生态公益林建设技术规程》DG/TJ 08—2058 要求选择和配置树种。

3 种植穴(槽)定点放线应符合设计要求,位置必须准确,标记明显。

4 种植穴(槽)的尺寸应根据苗木根系、土球直径和土壤情况确定,乔木和花灌木种植穴规格应符合现行行业标准《园林绿化工程施工及验收规程》CJJ 82 的规定,可按表 8.2.1-1 和表 8.2.1-2 执行。

表 8.2.1-1 乔木类种植穴规格(单位:cm)

土球直径	种植穴深度	种植穴直径
40~50	50~60	70~80
70~80	80~90	100~110
>80	>90	>120
>140	>120	>180

表 8.2.1-2 花灌木种植穴规格(单位:cm)

冠径	高度	种植穴深度	种植穴直径
100	150~180	60~70	70~80
150	180~200	70~80	90~110
200	200~250	80~90	110~130

注:种植穴深度、直径应按胸径或树高确定。

5 苗木的品种、胸径、高度应符合设计要求,植株应根茎完好、枝梢新鲜。

6 苗木应栽植整齐、竖直,周围无恶性杂草。

7 植被的成活率应符合设计要求;无设计要求时,第一年不应低于95%,补种后第二年应为100%。春季造林的,成活率应于秋后统计;秋季造林的,成活率应在第二年秋后统计。

8 苗木种植质量检测项目应符合应符合表8.2.1-3的规定。

表 8.2.1-3 苗木种植质量检测项目

项次	项目	质量要求	允许偏差	检测方法和检测次数
1	林带范围	符合设计要求		用钢尺量,不少于10次
2	种植穴位置(行距、株距)		±20cm	用钢尺量,不少于10次
3	种植穴规格		±2%	用钢尺量,不少于10次
4	苗木规格(树高、胸径与冠径)与数量	符合设计要求		用钢尺量,不少于10次
5	苗木成活率	≥95%		目测,不少于10处

8.2.2 护路护沟林

1 林带的行数、位置应符合设计要求,走向应与路、沟、渠一致。

2 其他要求按本标准第8.2.1条的相关要求执行。

3 具体的质量检测项目应符合表8.2.2的规定。

表8.2.2 护路护沟林质量检测项目

项次	项目	质量要求	允许偏差	检测方法和检测次数
1	苗木规格(树高、胸径与冠径)与数量	符合设计要求		用钢尺量,不少于10次
2	种植穴位置(行距、株距)		±20cm	用钢尺量,不少于10次
3	种植穴规格		±2%	用钢尺量,不少于10次
4	苗木成活率	≥95%		目测,不少于10处

8.2.3 护岸林

1 林带的位置、范围应符合设计要求,走向应与岸坡总体走向一致。

2 其他要求按本标准第8.2.1条的相关要求执行。

3 具体的质量检测项目应符合表8.2.3的规定。

表8.2.3 护岸林质量检测项目

项次	项目	质量要求	允许偏差	检测方法和检测次数
1	林带范围	符合设计要求		用钢尺量,不少于10次
2	种植穴位置(行距、株距)		±20cm	用钢尺量,不少于10次
3	苗木规格(树高、胸径与冠径)与数量	符合设计要求		用钢尺量,不少于10次
4	种植穴规格		±2%	用钢尺量,不少于10次
5	苗木成活率	≥95%		目测,不少于10处
6	地被植物覆盖程度	不应裸露土壤		目测,不少于10处

8.3 岸坡防护工程

8.3.1 护基(脚)

1 一般规定

1) 护脚工程分为浆砌石护脚、混凝土护脚和其他护脚工程。
2) 各种防冲体的形式、结构、质量、强度应符合设计和相关规范要求。抛投防冲体过程中应采取措施保护堤防护坡。抛投防冲体的抛投位置、数量应符合设计要求。
3) 护脚施工质量的验收应符合现行行业标准《水利水电工程单元工程施工质量验收评定—堤防工程》SL 634、现行上海市工程建设规范《水利工程质量检验评定标准》DG/TJ 08－90 和本标准第 4 章的相关规定。

2 浆砌石护脚

1) 地基沟槽开挖、地基承载力应符合设计要求。
2) 浆砌石护脚所用石料、砂浆的质量和规格必须符合设计要求。
3) 浆砌体施工必须满足相关规范要求，砌体砂浆必须嵌填饱满密实，缝宽一致，表面平整、无通缝。
4) 变形缝的位置应满足设计要求，填料应满足设计要求。
5) 浆砌石护脚工程质量检测项目应符合表 8.3.1-1 的规定。

表 8.3.1-1 浆砌石护脚工程质量检测项目

项次	检测项目	允许偏差（mm）	检测频率与范围		检测方法
			范围	点数	
1	轴线位置轴线位置	0～20	每20m	2	用经纬仪或全站仪复测
2	断面尺寸	0～30		3	用钢尺量长、宽各1点
3	顶面高程	±25		4	用水准仪复测

3 混凝土护脚

1）地基沟槽开挖、地基承载力应符合设计要求。

2）所用钢筋及混凝土材料的规格、数量、强度等应符合设计要求。

3）混凝土不得有裂缝、孔洞等现象,表面应平整。

4）钢筋网应焊接或绑扎牢固,同一截面上受力钢筋和接头数量和搭接长度应符合设计要求和规范规定。钢筋网安装位置应准确,保护层应符合设计要求。

5）变形缝、排水孔的位置和构造应满足设计要求,填缝材料和反滤层应满足设计要求。

6）连接筋的规格及数量应符合设计要求。

7）混凝土护脚工程质量检测项目应符合表 8.3.1-2 的规定。

表 8.3.1-2 混凝土护脚工程质量检测项目

项次	检测项目	允许偏差（mm）	检测频率与范围		检测方法
			范围	点数	
1	轴线位置	0～20	每15m	2	用经纬仪或全站仪复测
2	断面尺寸	20（立模）>0（土模）	每15m	3	用钢尺量长、宽各1点
3	顶面高程	±10		4	用水准仪复测

4 其他护脚

1）其他护脚应满足设计及相关规范要求。

2）具体验收应按现行行业标准《水利水电工程单元工程施工质量验收评定标准——堤防工程》SL 634 和现行上海市工程建设规范《水利工程施工质量检验评定标准》DG/TJ 08－90 相关规定执行。

8.3.2 护岸

1 一般规定

1）护岸工程分为干砌块石护岸、浆砌块石护岸、灌砌块石护岸、混凝土护岸和其他护岸工程。

2) 干砌石护岸施工质量的验收应符合现行行业标准《水利水电工程单元工程施工质量验收评定标准——堤防工程》SL 634、现行上海市工程建设规范《水利工程质量检验评定标准》DG/TJ 08−90 和本标准第 4 章的相关规定。

2 干砌块石护岸

1) 坡度、坡高等应符合设计要求。
2) 垫层石料的粒径、级配、坚硬度、渗透系数,黏土的土质、密实度等均应符合设计要求。
3) 砌块石料的质量及规格应符合设计和相关规范的要求,不得使用裂石和风化石。
4) 块石底部应垫稳、填实,块石稳定,不得有 2 块以上的通缝,一般长条形石块应丁向砌筑,不得顺长砌筑。较大的三角缝应用碎石填满并捣实。
5) 接合处回填宽度及填料质量应满足设计要求。
6) 干砌块石护岸工程质量检测项目应符合表 8.3.2-1 的规定。

表 8.3.2-1 干砌块石护岸工程质量检测项目

项次	检测项目	允许偏差（mm）	检测频率与范围		检测方法
			范围	点数	
1	砌体厚度	±30	每段 (15m~20m)	3	用钢尺量
2	坡面平整度	30		3	用2m靠尺和塞尺量
3	对角石缝	30		3	用钢尺量
4	坡面坡度	0~0.5%		3	用坡尺及吊线量
5	坡顶高程	±10		4	用水准仪复测
6	坡顶块石砌护宽度	±10		3	用钢尺量
7	滤水层厚度	±20		3	用钢尺量

3 浆砌块石护岸

1) 坡度、坡高等应符合设计要求。

2）石料的质量及规格应符合设计和相关规范要求,不得使用裂石和风化石。

3）砂浆所用砂、石、水、外加剂及混合材料的质量和规格必须符合设计和相关规范要求。

4）砂浆的配合比、强度应符合设计要求。

5）护坡勾缝应宽窄均匀、深浅一致,不得有浮缝、通缝、丢缝、裂纹和粘结不牢的现象。勾缝砂浆强度不得低于设计要求。

6）变形缝及其填料、排水孔的位置、尺寸、构造及其反滤层应符合设计要求。

7）接合处回填宽度及填料质量应满足设计要求。

8）浆砌块石护岸工程质量检测项目应符合表 8.3.2-2 的规定。

表 8.3.2-2 浆砌块石护岸工程质量检测项目

项次	检测项目	质量要求（mm）	允许偏差（mm）	检测频率与范围		检测方法
				范围	点数	
1	砌石厚度		±30	每段或每15m	3	用钢尺量每一测点取上、中下3点
2	护坡坡度		0～0.5%		3	用坡尺及吊线量
3	表面平整度		30		3	用2m靠尺和塞垂直两方向量
4	相邻块顶面高差	≤20			3	用钢尺量
5	三角缝最大宽度	≤80			3	用钢尺量,取最大值
6	砌缝最大宽度	≤40			3	用钢尺量,取最大值
7	坡顶高程		±10		3	用水准仪复测
8	坡顶块石砌护宽度		±10		3	用钢尺量
9	反滤层厚度		±20		3	用钢尺量
10	排水孔位置、间距		±20		3	用钢尺量
11	排水孔径		±3		3	用钢尺量

4 灌砌块石护岸

1）坡度、坡高等应符合设计要求。

2）石料的质量及规格应符合设计和相关规范要求。

3）所用混凝土的配合比、和易性、强度应符合设计要求。

4）变形缝及其填料、排水孔的位置、尺寸、构造及其反滤层应满足设计要求。

5）灌砌块石护岸工程质量检测项目应符合表8.3.2-3的规定。

表8.3.2-3 灌砌块石护岸工程质量检测项目

项次	检测项目	允许偏差（mm）	检测频率与范围		检测方法
			范围	点数	
1	砌石厚度	±30	每段或每15m	3	用钢尺量
2	护坡坡度	0～0.5%		3	用坡尺及吊线量
3	表面平整度	30		3	用2m靠尺和塞尺量
4	相邻块面高差	20		3	用钢尺量
5	坡顶块石砌护宽度	±10		3	用钢尺量
6	反滤层厚度	±20		3	用钢尺量
7	排水孔位置、间距	±20		3	用钢尺量
8	排水孔径	±3		3	用钢尺量

5 混凝土护岸

1）坡度、坡高等应符合设计要求。

2）所用钢筋及混凝土的规格、数量应符合设计要求。

3）混凝土的强度、配合比、和易性等指标应符合设计要求。

4）钢筋网应焊接或绑扎牢固，同一截面上受力钢筋和接头数量和搭接长度应符合设计和相关规范要求。钢筋网安装位置应准确，保护层应符合设计要求。

5）变形缝及其填料、排水孔的位置、尺寸、构造及其反滤层应满足设计要求。

6) 坡面应平整,混凝土不得有裂缝、孔洞,表面不得有大面积蜂窝、麻面。
7) 混凝土预制板的尺寸、强度应符合设计要求,预制块铺砌应平整、稳定,接缝缝隙应紧密、缝线规则,接缝材料符合设计要求。
8) 混凝土护岸工程质量检测项目应符合表 8.3.2-4 的规定。

表 8.3.2-4 混凝土护岸工程质量检测项目

项次	检测项目	质量要求	允许偏差（mm）	检测频率与范围		检测方法
				范围	点数	
1	护坡厚度		±10	每段或每15m	3	用钢尺量
2	坡度		0~0.5%		3	用坡尺及吊线量
3	表面平整度		±10		3	用2m靠尺和塞尺量
4	顶面高程		±10		3	用水准仪测量
5	麻面面积	不允许超过总面积的1%			3	用钢尺量
6	坡顶围檩宽度		±10		3	用钢尺量
7	反滤层厚度		±20		3	用钢尺量
8	排水孔位置、间距		±20		3	用钢尺量
9	排水孔径		±3		3	用钢尺量

6 其他护岸

1) 其他护岸应满足设计和相关规范要求。
2) 具体质量验收应按现行行业标准《水利水电工程单元工程施工质量验收评定标准——堤防工程》SL 634 和现行上海市工程建设规范《水利工程施工质量检验评定标准》DG/TJ 08－90 相关规定执行。

8.4 河道整治工程

8.4.1 一般规定

1 河道整治工程分为河道清淤工程和河道开挖工程。

2 河道整治工程施工质量的验收应符合现行行业标准《水利水电工程单元工程施工质量验收评定标准——堤防工程》SL 634 和现行上海市工程建设规范《水利工程施工质量检验评定标准》DG/TJ 08－90 的相关规定。

8.4.2 河道清淤

1 工程的布置,清淤的范围、深度等应符合设计要求。

2 排水措施的布设应合理,符合设计要求。

3 清理物的堆放应符合设计要求,满足环保规定。

4 土方开挖前应检查定位放线、排水和降低地下水位系统,合理安排土方运输车的行走路线及弃土场。

5 施工过程中应检查平面位置、水平标高、边坡坡度、压实度、排水、降低地下水位系统。

6 残余淤泥厚度不得超过设计河底高程 10cm。

7 施工过程应严格按现行行业标准《疏浚工程施工技术规范》SL 17－90 的相关规定执行。

8 河道清淤工程质量检测项目应符合表 8.4.2 的规定。

表 8.4.2 河道清淤质量检测项目

项次	检测项目	质量要求	检测频率与范围	检测方法
1	河道高程	欠挖值小于设计水深的 5% 且不大于 300mm,超深值不大于 500mm	1. 横断面每 50m 至少抽测 1 个断面。2. 纵断面一般在河道中心线位置检测。3. 河道较宽时应在中心线两侧 1/2 河宽处加测纵断面	用测深杆或测深锤或超声波测深仪测量
2	挖槽超宽	每边不大于 0.5m		
3	横向浅埂长度	小于挖槽设计底宽的 5% 且不大于 2m		
4	纵线浅埂	长度小于 2.5m		
5	河坡超欠面积比	(1~1.5):1		

8.4.3 河道开挖

1 河道中心线、河底高程、河道断面尺寸应符合设计要求。

2 河道边坡应平整、稳定,河口线、坡脚线应整齐顺直,河底平整、无明显起伏,河道和支河的交汇处的河坡应平顺连接。

3 河道开挖的弃土宜结合地方填筑,余土应堆放在弃土区,或按相关规定处理,其位置、范围、高度应符合设计及环保要求。

4 河道开挖工程涉及岸坡防护工程,应符合设计要求和本标准第8.3节规定。

5 河道开挖工程质量检测项目应符合表8.4.3的规定。

表8.4.3 河道开挖工程质量检测项目

项次	检测项目	允许偏差(mm)	检测频率与范围		检测方法
			范围	点数	
1	河底高程	不大于50,平均值不高于设计高程	每50m~100m测1个~2个断面	每个断面测3点以上	用水准仪测量
2	河道底宽	±200,平均值不小于设计底宽		每个断面测1点~2点	用钢尺量
3	河道中心线	±200		检测1点~2点	用经纬仪、全站仪和钢尺测量
4	河道边坡	局部坡比1:(n±0.05),整体坡比不陡于设计值1:n	每50m~100m	左右侧坡面任意抽测1点~2点	用坡度仪测量
5	内外青坎高程	不小于50,平均值不低于设计高程	每50m~100m	1点~2点	用水准仪测量
6	内外青坎顶宽	±200,平均值不小于设计顶宽	每50m~100m	1点~2点	用钢尺量

8.5 生态保护工程

8.5.1 绿化工程

1 植树

1) 植树应满足设计和相关规范要求。
2) 具体的质量验收标准应按本标准第8.2.1条和现行行业标准《园林绿化工程施工及验收规程》CJJ 82、现行上海市工程建设规范《园林绿化工程施工质量验收规范》DG/TJ 08－701的相关规定执行。
3) 种植树种应符合设计要求，不能及时种植的苗木应进行假植。苗木应栽植整齐、竖直。

2 植草

1) 植草应满足设计及现行上海市工程建设规范《草坪建植和草坪养护管理技术规程》DG/TJ 08－677等相关规范要求。
2) 具体质量验收标准应按现行行业标准《园林绿化工程施工及验收规程》CJJ 82和现行上海市工程建设规范《草坪建植和草坪养护管理技术规程》DG/TJ 08－677相关规定执行。

3 水生植物

1) 水生植物应满足设计和相关规范要求。
2) 具体质量验收标准应按现行行业标准《园林绿化工程施工及验收规程》CJJ 82和现行上海市工程建设规范《园林绿化工程施工质量验收规范》DG/TJ 08－701、《园林绿化植物栽植技术规程》DG/TJ 08－18的相关规定执行。

8.5.2 其他生态保护工程

1 土地复垦

1) 土地复垦的质量指标体系包括耕地、园地、林地、草地等不同复垦指标类型和基本指标。
2) 不同复垦方向的土地复垦指标类型包括地形、土壤质量、土壤环境、生产力水平、配套设施等五个方面。
3) 进行土地复垦时,不同复垦方向的土地复垦质量应符合附表M的要求。

2 其他

生态保护工程应按涉及的相关单项工程的对应章节以及现行国家标准、行业标准的相关规定执行。

9 其他工程

9.1 一般规定

9.1.1 土地整治其他工程包括农业生产辅助设施工程(含修建晒谷场、粮食仓库、农业机械仓库及农业生产管理用房等)、拆除工程、标志牌工程。

9.1.2 粮食晾晒场地、粮食仓库、农业机械仓库和农业生产管理用房施工应满足设计及相关要求。

9.1.3 其他工程涉及的混凝土、砌体、土方、基础施工应按本标准第4章的要求执行。

9.1.4 拆除工程必须手续齐全,各方均签字同意,并根据设计及现场情况制定施工方案,派专人进行监控,由具有拆除资质的单位进行施工,保证施工安全。

9.2 农业生产辅助设施

9.2.1 晒谷场

1 晒谷场由基础、面层等结构形式组成,周边应设置排水沟,并接入附近的主排水网。

2 晒谷场的位置、范围等应符合设计要求。

3 晒谷场的尺寸、排水坡度、顶面高程应符合设计要求。

4 面层应硬化,面层的材料、浇筑厚度和强度满足设计要求。

5 面层应平整、无裂纹、边线直顺,坡度满足设计要求。

6 排水沟的施工满足设计要求,具体质量验收标准按照本标准第6.5.1条的相关规定执行。

7 基础平整时,要彻底清除各种树木根系,开挖、平整、压实相结合,夯实基础,砂石的粒径级配和密实度符合设计要求。

8 晒谷场质量检测项目应符合表9.2.1的规定。

表9.2.1 晒谷场质量检测项目

项次	项目	允许偏差(mm)	检测方法和检测次数
1	平面尺寸	±50	用钢尺量,不少于3处
2	面层高程	±30	用水准仪和钢尺测量,测5点
3	平整度	0～10	用2m靠尺量,不少于3点
4	坡度	±0.5%	用坡度尺量,不少于3点

9.2.2 粮食仓库

按照本标准第4章和第6.7.1条的相关规定执行。仓库配备有粮食储运设备时,应按本标准第6.7.1条的相关规定执行。

9.2.3 农业机械仓库

按照本标准第4章和第6.7.1条的相关规定执行。仓库配备有农机维保设备时,按照本标准第6.7.1条的相关规定执行。

9.2.4 农业生产管理用房

按照本标准第4章和第6.7.1条的相关规定执行。

9.3 拆除工程

9.3.1 建(构)筑物拆除

1 拆除工程应按现行上海市工程建设规范《建筑物、构筑物拆除规程》DGJ 08-70的相关规定执行,使拆除工作达到相应的安全要求和环境保护要求。

2 有基础的建(构)筑物,应拆除至地基、基础部分后,地基部分的拆除标准按本标准第9.3.2条的相关规定执行。直接坐落或嵌入原状土层的,应拆除至原状土层。

3 拆除至原状土层的,应按设计要求整平至设计标高,不应留有坑、洞或地下障碍物。整平的高程、坡度等应符合设计要求。

4 清理出的建筑物旧料应在项目中再利用；无法利用的，应运至项目区外指定的场所。

9.3.2 地基拆除

1 地基拆除指对项目区已废弃的建筑物和构筑物的地基、基础部分进行拆除清理。清理的对象包括（钢筋混凝土、砖石）基础、（素混凝土、砂石）垫层、（物理性、化学性）加固的地基等。

2 拆除工程应按现行上海市工程建设规范《建筑物、构筑物拆除规程》DGJ 08－70 的相关规定执行，使拆除工作达到相应的安全要求和环境保护要求。

3 浅基础应拆除至原状土层。木桩、钢筋混凝土桩等深基础宜整体拔除。压密、夯实等物理性加固的地基宜拆除至耕作层标高以下，并视土性予以翻松或换填；砂桩、碎石桩等宜挖除至耕作层标高以下，并以合格的客土充填。搅拌桩、粉喷桩等化学性加固地基宜挖除至耕作层标高以下，并以合格的客土充填。充填的客土质量按照本标准第 4.2.3 条执行。

4 被污染的地基、土壤，应按设计要求予以挖除或修复，挖除的土壤处置应符合相关法律法规的规定。

5 地基拆除后，应按设计要求整平至设计标高，不应留有坑、洞或地下障碍物。整平的高程、坡度等应符合设计要求。

9.3.3 建筑垃圾外运

1 拆除的建（构）筑物应予以清运，并按相关规定处理，不得压占农业用地。其中可重复利用的资源应予以收集、再利用。

2 被污染的建筑垃圾或土壤，应按相关规范作无害化处理。

3 需要临时堆放的建筑垃圾、弃土等，其运输、堆放应作妥善处理。运输时不应沿路撒落。被污染的建筑垃圾或土壤，其临时堆放场所应采取有效的防止污染扩散措施。

4 弃土的堆放场所应有效利用天然的凹地或低洼地带；若弃土含有污染物质，堆放场所应采取防止污染扩散措施或对污染物进行处理。

9.4 标志牌工程

9.4.1 土地整治标志牌工程应按《基本农田与土地整理标识使用和有关标志牌设立规定》(国土资发〔2007〕304号)的相关规定执行。

9.4.2 土地整治标志牌、标志块的具体内容、样式、规格、材质、颜色等应统一并满足设计要求。

9.4.3 标志、标牌的位置、数量应符合设计和相关规范要求。

9.4.4 标志、标牌应醒目、清晰、牢固、结实耐用。

9.4.5 标志、标牌的字体、图案等应符合设计和相关规范要求,排版应统一、规范。

附录 A 施工现场质量管理检查记录表

工程名称				
		开工日期		
建设单位		项目负责人		
设计单位		项目负责人		
监理单位		总监理工程师		
施工单位		项目负责人		质量(技术)负责人
序号	项目		检查内容	
1	现场质量管理制度			
2	质量责任制			
3	主要专业工种操作上岗证书			
4	施工图审查情况			
5	施工组织设计、施工方案及审批			
6	施工技术标准			
7	工程质量检验制度			
8	现场材料、设备存放与管理			

检查结论：

总监理工程师：

年　月　日

注：施工现场质量管理检查应由施工单位按表填写，总监理工程师(建设单位项目负责人)进行检查，并作出检查结论。

附录 B 土地整治项目工程质量验收规范项目划分表

单项工程编号	单项工程名称	单位工程编号	单位工程名称	子单位工程编号	子单位工程名称	分部工程名称	单元工程名称
1	土地平整工程	11	耕作田块修筑工程	111	条田	田块平整	土方开挖、土方回填
						田埂修筑	田埂砌筑
				112	台田	田块平整	土方开挖、土方回填
						田埂修筑	田埂砌筑
				113	坑塘填平		土方回填
		12	耕作层地力保持工程	121	表土剥离与回覆	表土剥离	土方开挖
						表土回覆	土方回填
				122	客土填充	客土填充	土方回填
				123	土地翻耕	土地翻耕	—
						土地培肥	—
2	灌溉与排水工程	21	水源工程	211	蓄水池	地基与基础	土方开挖、回填压实、垫层、混凝土
						蓄水池主体	土方回填、防渗、砌体、(模板)混凝土、钢筋、检修梯、进(出)水管
		22	给水工程	221	明渠	地基与基础	土方开挖、回填压实、混凝土工程、垫层
						渠身主体	混凝土工程、衬砌、伸缩缝处理、防渗
				222	管道	管道主体	土方开挖、回填压实、垫层、管道安装
						附属设施	管道系统安装

续表

单项工程		单位工程		子单位工程		分部工程	单元工程
编号	名称	编号	名称	编号	名称	名称	名称
2	灌溉与排水工程	23	喷微灌工程	231	喷灌	配水工程	蓄水池（应按212）
						设备安装工程	渠首加压水泵安装、过滤设备安装
						管道安装工程	土方开挖、管道铺设、土方回填、闸阀安装、管网冲洗、喷头安装
				232	微灌	配水工程	蓄水池（应按212）
						设备安装工程	渠首加压水泵安装、过滤设备安装
						管道安装工程	土方开挖、管道铺设、土方回填、闸阀安装、管网冲洗、（滴头安装）
		24	排水工程	241	明沟	地基与基础	土方开挖、回填压实、混凝土工程、垫层
						沟身主体	混凝土工程、衬砌、伸缩缝处理
				242	暗管	管道主体	管槽土方开挖与回填、地基处理、垫层、管道系统安装
						附属建筑物	管道系统安装

续表

单项工程		单位工程		子单位工程		分部工程	单元工程
编号	名称	编号	名称	编号	名称	名称	名称
2	灌溉与排水工程	25	渠系建筑物工程	251	水闸	地基与基础	桩基础、土方开挖、土方回填、垫层、砌体、混凝土
						闸身主体结构	土方回填、砌体、(模板)混凝土、钢筋、伸缩缝、防渗、止水、工作桥、反滤层及排水孔
						设备安装	埋件、启闭机安装、闸门安装
				252	渡槽	地基与基础	桩基础、土方开挖、回填压实、垫层、砌体(勾缝)、混凝土
						槽墩(台)	砌体(勾缝)、混凝土、(模板)钢筋
						槽身	砌体(勾缝)、混凝土、(模板)钢筋、伸缩缝、防渗
						进(出)水口	砌体、(模板)混凝土、拦污栅
				253	倒虹吸	管身主体	应按"管道"
						进(出)水井(口)	土方开挖、回填压实、垫层、砌体、(模板)混凝土、防渗、拦污栅

续表

单项工程		单位工程		子单位工程		分部工程	单元工程
编号	名称	编号	名称	编号	名称	名称	名称
2	灌溉与排水工程	25	渠系建筑物工程	254	农桥	地基与基础	桩基础、土方开挖、回填压实、垫层、砌体、混凝土
						桥墩(台)	砌体、(模板)混凝土、钢筋、(桥台)回填料、反滤层及排水孔、预埋件
						梁板	(模板)混凝土、钢筋、预埋件；预制安装
						桥面	应按311路面、连接缝
						护栏	成品护栏安装；勾缝、混凝土、钢筋
				255	涵洞	地基与基础	桩基础、土方开挖、回填压实、垫层、砌体(勾缝)、混凝土
						涵管主体	回填压实、垫层、砌体、(模板)混凝土、防渗、管道安装
				256	放水口	放水口	放水口
				257	下田道	下田道	管涵(应按255)、路面(应按311路面)

续表

单项工程		单位工程		子单位工程		分部工程	单元工程
编号	名称	编号	名称	编号	名称	名称	名称
2	灌溉与排水工程	26	泵站及输配电工程	261	泵站	地基与基础	桩基础、土方开挖、土方回填、垫层、砌体、(模板)混凝土、灰缝勾嵌、预埋件
						泵房主体	应按514
						进(出)水建筑物	桩基础、土方开挖、土方回填、垫层、砌体、(模板)混凝土、灰缝勾嵌、预埋件、拦污栅、伸缩缝、防渗、止水、工作桥、反滤层及排水孔
						设备安装	主机组安装、避雷器安装、进出水管安装
				262	输电线路	地埋电缆	排管敷设、穿管敷设
						架空电力线	杆塔架设、拉线安装、配套设备安装
				263	配电装置	配电装置	变压器安装、配电柜安装
3	田间道路工程	31	田间道	311	新建田间道	路基	土方开挖、土方回填、垫层
						路面	浇筑
						路肩	土方开挖、土方回填
				312	修复田间道	路基	土方开挖、土方回填、垫层
						路面	浇筑
						路肩	土方开挖、土方回填

续表

单项工程		单位工程		子单位工程		分部工程	单元工程
编号	名称	编号	名称	编号	名称	名称	名称
3	田间道路工程	32	生产路	321	新建生产路	路基	土方开挖、土方回填、垫层
						路面	浇筑
						路肩	土方开挖、土方回填
				322	修复生产路	路基	土方开挖、土方回填、垫层
						路面	浇筑
						路肩	土方开挖、土方回填
4	农田防护与生态环境保持工程	41	农田林网工程	411	农田防风林	植树	定点放线、挖坑、栽植、养护
				412	护路护沟林	植树	定点放线、挖坑、栽植、养护
				413	护岸林	植树	定点放线、挖坑、栽植、养护
		42	岸坡防护工程	421	护基(护脚)	—	土方开挖、垫层、砌体、混凝土
				422	护岸	—	土方开挖、边坡修筑、砌体、混凝土
		43	河道整治工程	431	河道清淤	—	清淤
				432	河道开挖	—	土方开挖、边坡修筑
		44	生态保护工程	441	绿化工程	植树	定点放线、挖坑、栽植、养护
						植草	清理、植草、养护
						水生植物	栽植、养护
				442	其他生态保护工程	—	—

续表

单项工程		单位工程		子单位工程		分部工程	单元工程
编号	名称	编号	名称	编号	名称	名称	名称
5	其他工程	51	农业生产辅助设施工程	511	晒谷场	基础	平整
						混凝土面层	浇筑
				512	粮食仓库	地基与基础	应按建筑工程施工质量验收统一标准
						主体结构	
						建筑装饰装修	
						建筑屋面	
				513	农业机械仓库	地基与基础	应按建筑工程施工质量验收统一标准
						主体结构	
						建筑装饰装修	
						建筑屋面	
				514	农业生产管理用房	地基与基础	应按建筑工程施工质量验收统一标准
						主体结构	
						建筑装饰装修	
						建筑屋面	
		52	拆除工程	521	建(构)筑物拆除	—	地上建(构)筑物拆除工程
					地基拆除	—	地下建(构)筑物拆除工程
					建筑垃圾外运	—	
		53	标志牌工程	531	标志牌工程	—	

附录C 单元工程质量检验评定表

项目名称：

编号：

单位(子单位)工程名称或编码		工程量	
分部工程名称或编码		检验日期	年 月 日
单元工程名称			
项次	检查项目	质量标准	检验结果
1			
2			
3			
4			
5			
6			
7			
项次	检测项目	允许偏差	检测值	合格率（%）
1				
2				
3				
4				
5				

共检测___点，其中合格___点，合格率___%

评定结论：
　　　　　□合格　　□不合格

施工单位(盖章)	监理单位(盖章)
质检员：	监理工程师：
质量(技术)负责人： 　　　　　　　年　月　日	 　　　　　　年　月　日

注：检验日期为终检日期，由施工单位负责填写。

附录 D 分部工程验收记录表

项目名称:

编号:

单位(子单位)工程名称及编号				分部工程名称及编号	
施工单位				单元工程数量	
项目负责人				质量(技术)负责人	
序号	单元工程名称		数量	施工单位检查评定结果	监理(建设)单位检验评定结论
1					
2					
3					
4					
5					
	质量控制资料				
	安全和功能检验(检测)报告				
单元工程共___个,其中合格___个,合格率___% 评定结论: □合格 □不合格					
验收单位	施工单位		项目负责人: 技术(质量)负责人: 日期:		
	监理单位		总监理工程师: 日期:		
	设计单位		项目负责人: 日期:		
	建设单位		现场代表: 日期:		

附录 E 单位(子单位)工程验收记录表

项目名称：
编号：

单项工程名称及编号			单位(子单位)工程名称及编号	
施工单位			分部工程数量	
项目负责人			质量(技术)负责人	
序号	分部工程名称	数量	施工单位检查评定结果	监理(建设)单位检验评定结论
1				
2				
3				
4				
5				
质量控制资料				
安全和功能检验(检测)报告				
观感质量验收				

分部工程共___个,其中合格___个,合格率___%;观感质量合格___处,观感合格率___%。
评定结论：

□合格　□不合格

验收单位	施工单位	项目负责人： 质量(技术)负责人： 日期：	
	监理单位	总监理工程师： 日期：	
	设计单位	项目负责人： 日期：	
	建设单位	现场代表： 日期：	

附录 F 单项工程验收记录表

项目名称：
编号：

单项工程名称及编号				
施工单位		单位工程数量		
项目负责人		质量(技术)负责人		
序号	单位工程名称	数量	施工单位检查评定结果	监理(建设)单位检验评定结论
1				
2				
3				
4				
5				
质量控制资料				

单位(子单位)工程共___个,其中合格___个,合格率___%;观感质量合格___处,观感合格率___%。

评定结论：
　　　　　　　　　　□合格　　□不合格

验收单位	施工单位	项目负责人： 质量(技术)负责人： 日期：	
	监理单位	总监理工程师： 日期：	
	设计单位	项目负责人： 日期：	
	建设单位	项目代表： 日期：	

附录 G 单位(子单位)工程主要质量控制记录表

工程名称			施工单位			
序号	项目		资料名称	份数	检验单位	
					核查意见	核查人
1	土地平整工程	田块修筑工程、耕作地力保持工程	规划(施工)设计报告及设计图件、批复任务书			
2			图纸会审、设计变更、洽商记录			
3			工程定位测量、放线记录			
4			隐蔽工程验收记录			
5			施工记录			
6			土壤环境质量检测报告			
7			土壤肥力检测报告			
8			分部单元工程质量验收记录			
9			工程质量事故及事故调查处理资料			
10	灌溉与排水工程	水源工程	工程定位测量、放线记录			
11			原材料、构件合格证书及进场检(试)验报告			
12			混凝土配合比试验报告			
13			砂浆配合比试验报告			
14			混凝土试验报告及见证检测报告			
15			砂浆试验报告及见证检测报告			
16			预制构件报告及见证检测报告			
17			隐蔽工程验收记录			
18			施工记录			
19			分部单元工程质量验收记录			
20			水质检测报告			
21			工程质量事故及事故调查处理资料			

续表

序号	项目	资料名称	份数	检验单位核查意见	检验单位核查人
22	灌溉与排水工程	工程定位测量、放线记录			
23		原材料、构件合格证书及进场检(试)验报告			
24		混凝土配合比试验报告			
25		砂浆配合比试验报告			
26	给水工程	混凝土试验报告及见证检测报告			
27		砂浆试验报告及见证检测报告			
28		预制构件验报告及见证检测报告			
29		隐蔽工程验收记录			
30		施工记录			
31		分部单元工程质量验收记录			
32		工程质量事故及事故调查处理资料			
33		工程定位测量、放线记录			
34		原材料、构件、设备合格证书及进场检(试)验报告			
35		混凝土配合比试验报告			
36		砂浆配合比试验报告			
37	喷微灌工程	混凝土试验报告及见证检测报告			
38		砂浆试验报告及见证检测报告			
39		施工记录			
40		系统清洗、灌水、通水试验及设备调试记录			
41		分部单元工程质量验收记录			
42		工程质量事故及事故调查处理资料			

续表

序号	项目	资料名称	份数	核查意见	核查人
43	灌溉与排水工程	工程定位测量、放线记录			
44		原材料、构件合格证书及进场检(试)验报告			
45		混凝土配合比试验报告			
46		砂浆配合比试验报告			
47	排水工程	混凝土试验报告及见证检测报告			
48		砂浆试验报告及见证检测报告			
49		预制构件验报告及见证检测报告			
50		隐蔽工程验收记录			
51		施工记录			
52		分部单元工程质量验收记录			
53		工程质量事故及事故调查处理资料			
54		工程定位测量、放线记录			
55		原材料、构件及设备合格证书及进场检(试)验报告			
56		混凝土配合比试验报告			
57		砂浆配合比试验报告			
58		混凝土试验报告及见证检测报告			
59	渠系建筑物工程	砂浆试验报告及见证检测报告			
60		预制构件验报告及见证检测报告			
61		隐蔽工程验收记录			
62		系统清洗、灌水、通水试验及设备调试记录			
63		施工记录			
64		地基基础主体结构检验及抽样检测资料			
65		分部单元工程质量验收记录			
66		工程质量事故及事故调查处理资料			

续表

序号	项目	资料名称	份数	检验单位核查意见	核查人
67	灌与排水工程 / 泵站及输配电工程	工程定位测量、放线记录			
68		原材料、构件及设备合格证书及进场检(试)验报告			
69		混凝土配合比试验报告			
70		砂浆配合比试验报告			
71		混凝土试验报告及见证检测报告			
72		砂浆试验报告及见证检测报告			
73		预制构件验报告及见证检测报告			
74		设备调试记录			
75		接地、绝缘电阻测试记录			
76		隐蔽工程验收记录			
77		施工记录			
78		地基基础主体结构检验及抽样检测资料			
79		分部单元工程质量验收记录			
80		工程质量事故及事故调查处理资料			
81	田间道路工程	工程定位测量、放线记录			
82		原材料及进场检(试)验报告			
83		混凝土配合比试验报告			
84		砂浆配合比试验报告			
85		混凝土试验报告及见证检测报告			
86		砂浆试验报告及见证检测报告			
87		路基压实检测记录			
88		隐蔽工程验收记录			
89		施工记录			
90		分部单元工程质量验收记录			
91		工程质量事故及事故调查处理资料			

续表

序号	项目	资料名称	份数	检验单位核查意见	核查人
92	农田防护与生态环境保护工程	工程定位测量、放线记录			
93		原材料、构件合格证书及进场检(试)验报告			
94		混凝土配合比试验报告			
95		砂浆配合比试验报告			
96		混凝土试验报告及见证检测报告			
97		砂浆试验报告及见证检测报告			
98		预制构件验报告及见证检测报告			
99		施工记录			
100		分部单元工程质量验收记录			
101		工程质量事故及事故调查处理资料			
102	其他工程	工程定位测量、放线记录			
103		原材料、构件合格证书及进场检(试)验报告			
104		混凝土配合比试验报告			
105		砂浆配合比试验报告			
106		混凝土试验报告及见证检测报告			
107		砂浆试验报告及见证检测报告			
108		预制构件验报告及见证检测报告			
109		施工记录			
110		隐蔽工程验收记录			
111		分部单元工程质量验收记录			
112		工程质量事故及事故调查处理资料			

结论:			
检验单位	建设单位(公章) 现场代表： 年 月 日	监理单位(公章) 总监理工程师： 年 月 日	施工单位(公章) 项目负责人： 年 月 日

附录 H 单位(子单位)工程观感质量检查记录表

工程名称				施工单位		质量评价		
序号	工程内容			抽查质量状况		好	一般	差
一	土地平整工程		1	外部尺寸				
			2	轮廓线顺直程度				
			3	田面平整度				
二	灌溉与排水工程	水源工程	1	外部尺寸				
			2	轮廓线顺直程度				
			3	表面平整度				
			4	曲面、平面联接平顺				
			5	砌体排列				
			6	砌缝质量				
		给水工程	1	外部尺寸				
			2	轮廓线顺直程度				
			3	表面平整度				
			4	曲面、平面联接平顺				
			5	砌体排列				
			6	砌缝质量				

续表

序号	工程内容			抽查质量状况	质量评价		
					好	一般	差
二 灌溉与排水工程	喷微灌工程	1	机械设备安装、布局				
		2	配电设备、接线盒等				
		3	管道布置				
		4	管道接口、坡度、支架				
	排水工程	1	外部尺寸				
		2	轮廓线顺直				
		3	表面平整度				
		4	曲面、平面联接平顺度				
		5	砌体排列				
		6	砌缝质量				
	渠系建筑物工程	1	外部尺寸				
		2	轮廓线顺直				
		3	表面平整度				
		4	曲面、平面联接平顺度				
		5	砌体排列				
		6	砌缝质量				
	泵站	1	机房、门、窗				
		2	机械设备安装、布局				
		3	配电箱、盘、板、接线盒				
		4	设备器具、开关、插座				
		5	防雷、接地				

续表

序号	工程内容		抽查质量状况	质量评价		
				好	一般	差
三	田间路桥及生产路	1 外部尺寸				
		2 轮廓线顺直程度				
		3 表面平整度				
四	农田防护及生态环境保护工程	1 外部尺寸				
		2 轮廓线顺直程度				
		3 植草				
		4 植树				
五	其他工程	1 外部尺寸				
		2 轮廓线顺直程度				
		3 表面平整度				
	观感质量综合评价					
	结论：					
检验单位	建设单位（公章） 现场代表： 年 月 日		监理单位（公章） 总监理工程师： 年 月 日	施工单位（公章） 项目负责人： 年 月 日		

注：质量评价为差的项目，必须进行返修。

附录 J 项目工程验收记录表

项目名称：

编号：

施工单位			项目经理	
序号	检查项目	施工单位检查记录	监理单位检验评定结论	
1	施工现场管理资料			
2	单项工程	共__单项;经查__单项符合标准及设计要求		
3	质量控制资料核查	共__项,经查__项;符合规范要求__项		
4	观感质量验收	共抽查__项,符合要求__项;不符合要求__项		
综合验收结论				
验收单位	施工单位	监理单位	设计单位	建设单位
	（公章） 项目负责人： 质量（技术） 负责人： 日期：	（公章） 总监理工程师： 技术负责人： 日期：	（公章） 项目负责人： 日期：	（公章） 项目负责人： 日期：

附录 K 隐蔽工程验收记录表

工程名称		施工单位			
隐检项目		隐检范围			
检隐工程内容	分部工程、分项工程、验收批名称			图纸编号	
验收意见					
施工单位签章	监理单位签章			建设单位签章	

附录 L 土壤环境质量要求值

单位:mg/kg

序号	污染物项目		土壤 pH 值			
			pH≤5.5	5.5<pH≤6.5	6.5<pH≤7.5	pH>7.5
1	总镉		0.30	0.40	0.50	0.60
2	总汞		0.30	0.30	0.50	1.0
3	总砷	水田	30	30	25	20
		其他	40	40	30	25
4	总铅		80	80	80	80
5	总铬	水田	200	200	250	300
		其他	150	150	200	250
6	总铜	果园	150	150	200	200
		其他	50	50	100	100
7	总镍		40	40	50	60
8	总锌		200	200	250	300
9	六六六总量[①]		0.10			
10	滴滴涕总量[②]		0.10			

注:①六六六总量为 α-六六六、β-六六六、γ-六六六、δ-六六六四种异构体总和。
②滴滴涕总量为滴滴伊、滴滴滴、滴滴涕三种衍生物总和。

附录 M 土地复垦质量控制要求

复垦方向	指标类型	基本指标	控制要求
耕地	旱地	地形	田面坡度(°)	≤15
		土壤质量	有效土层厚度(cm)	≥50
			土壤容重(g/cm³)	≤1.4
			土壤质地	砂质壤土至壤质黏土
			砾石含量(%)	≤5
			pH值	6.0~8.5
			有机质(%)	≥1
			电导率(dS/m)	≤2
		配套设施	排水	达到当地各行业工程建设标准要求
			道路	
			林网	
		生产力水平	产量(kg/hm²)	三年后达到周边地区同等土地利用类型水平
	水浇地	地形	田面坡度(°)	≤15
			平整度	田面高差±5cm之内
		土壤质量	有效土层厚度(cm)	≥60
			土壤容重(g/cm³)	≤1.35
			土壤质地	砂质壤土至壤质黏土
			砾石含量(%)	≤5
			pH值	6.0~8.5
			有机质(%)	≥1.5
			电导率(dS/m)	≤2

续表

复垦方向		指标类型	基本指标	控制要求
耕地	水浇地	配套设施	灌溉	达到当地各行业工程建设标准要求
			排水	
			道路	
			林网	
		生产力水平	产量(kg/hm²)	三年后达到周边地区同等土地利用类型水平
	水田	地形	地面坡度(°)	≤6
			平整度	田面高差±3cm之内
		土壤质量	有效土层厚度 cm	≥60
			土壤容重(g/cm³)	≤1.35
			土壤质地	砂质壤土至壤质黏土
			砾石含量(%)	≤5
			pH 值	6.0~8.0
			有机质(%)	≥1.5
			电导率(dS/m)	≤2
		配套设施	灌溉	达到当地各行业工程建设标准要求
			排水	
			道路	
			林网	
		生产力水平	产量(kg/hm²)	三年后达到周边地区同等土地利用类型水平
园地	园地	地形	地面坡度(°)	≤20
		土壤质量	有效土层厚度(cm)	≥30
			土壤容重(g/cm³)	≤1.35
			土壤质地	砂土至壤质黏土
			砾石含量(%)	≤10
			pH 值	6.0~8.5
			有机质(%)	≥1
			电导率(dS/m)	≤2
		配套设施	灌溉	达到当地各行业工程建设标准要求
			排水	
			道路	
		生产力水平	产量(kg/hm²)	三年后达到周边地区同等土地利用类型水平

续表

复垦方向		指标类型	基本指标	控制要求
林地	有林地	土壤质量	有效土层厚度(cm)	≥30
			土壤容重(g/cm³)	≤1.35
			土壤质地	砂土至壤质黏土
			砾石含量(%)	≤20
			pH值	5.0～8.5
			有机质(%)	≥1
		配套设施	道路	达到当地本行业工程建设标准要求
		生产力水平	定植密度(株/hm²)	满足现行行业标准《造林作业设计规程》LY/T 1607要求
			郁闭度	≥0.35
	灌木林地	土壤质量	有效土层厚度(cm)	≥30
			土壤容重(g/cm³)	≤1.35
			土壤质地	砂土至壤质黏土
			砾石含量(%)	≤20
			pH值	5.0～8.5
			有机质(%)	≥1
		配套设施	道路	达到当地本行业工程建设标准要求
		生产力水平	定植密度(株/hm²)	满足现行行业标准《造林作业设计规程》LY/T 1607要求
			郁闭度	≥0.40
	其他林地	土壤质量	有效土层厚度(cm)	≥30
			土壤容重(g/cm³)	≤1.35
			土壤质地	砂土至壤质黏土
			砾石含量(%)	≤20
			pH值	5.0～8.5
			有机质(%)	≥1
		配套设施	道路	达到当地本行业工程建设标准要求
		生产力水平	定植密度(株/hm²)	满足现行行业标准《造林作业设计规程》LY/T 1607要求
			郁闭度	≥0.35

续表

复垦方向	指标类型	基本指标	控制要求
草地	地形	地面坡度(°)	≤20
人工牧草地	土壤质量	有效土层厚度(cm)	≥40
		土壤容重(g/cm^3)	≤1.35
		土壤质地	砂质壤土至砂质黏土
		砾石含量(%)	≤5
		pH值	6.0～8.5
		有机质(%)	≥1.5
	配套设施	灌溉 道路	达到当地各行业工程建设标准要求
	生产力水平	覆盖度(%)	≥50
		产量(kg/hm^2)	三年后达到周边地区同等土地利用类型水平
其他草地	土壤质量	有效土层厚度(cm)	≥30
		土壤容重(g/cm^3)	≤1.35
		土壤质地	砂土至砂质黏土
		砾石含量(%)	≤10
		pH值	5.5～8.5
		有机质(%)	≥1
	配套设施	灌溉 道路	达到当地各行业工程建设标准要求
	生产力水平	覆盖度(%)	≥50
		产量(kg/hm^2)	三年后达到周边地区同等土地利用类型水平

本标准用词说明

1 为便于在执行本标准条文时区别对待,对要求严格程度不同的用词,说明如下:

   1)表示很严格,非这样做不可的用词:
      正面词采用"必须";
      反面词采用"严禁"。
   2)表示严格,在正常情况均应这样做的用词:
      正面词采用"应";
      反面词采用"不应"或"不得"。
   3)表示允许稍有选择,在条件许可时首先应这样做的用词:
      正面词采用"宜";
      反面词采用"不宜"。
   4)表示有选择,在一定条件下可以这样做的用词,采用"可"。

2 条文中指明应按其他相关标准、规范和其他规定执行的写法为:"应按……执行"或"应符合……的相关要求(或规定)"。

引用标准名录

1 《钢筋混凝土用热轧带肋钢筋》GB 14993
2 《土壤环境质量 农用地土壤污染风险管控标准（试行）》GB 15618
3 《节水灌溉设备现场验收规程》GB/T 21031
4 《混凝土强度检验标准》GB/T 50107
5 《建筑地基基础工程施工质量验收规范》GB 50202
6 《公路路基施工技术规范》JTG F10
7 《钢筋焊接及验收规程》JGJ 18
8 《公路工程质量检验评定标准》JTG F80/1
9 《园林绿化工程施工及验收规程》CJJ 82
10 《造林作业设计规程》LY/T 1607
11 《疏浚工程施工技术规范》SL17—90
12 《水利水电建设工程验收规范》SL 223
13 《水利水电工程单元工程施工质量验收评定标准——堤防工程》SL 634
14 《地基处理技术规范》DG/TJ 08—40
15 《建筑物、构筑物拆除规程》DGJ 08—70
16 《水利工程施工质量检验评定标准》DG/TJ 08—90
17 《草坪建植和草坪养护管理技术规程》DG/TJ 08—677
18 《园林绿化工程施工质量验收规范》DG/TJ 08—701
19 《土地开发整理工程建设技术标准》DG/TJ 08—2079
20 《土地整治工程建设规范》DB31/T 1056

上海市工程建设规范

土地整治项目工程质量验收标准

DG/TJ 08-2317-2020
J 15139-2020

条文说明

2020　上海

目 次

1 总 则 ………………………………………………… 113
2 术 语 ………………………………………………… 114
3 基本规定 ……………………………………………… 115
　3.1 基本要求 …………………………………………… 115
　3.3 验收程序 …………………………………………… 115
　3.4 工程质量验收评定 ………………………………… 116
4 通用工程 ……………………………………………… 117
　4.2 土方工程 …………………………………………… 117
　4.4 钢筋混凝土工程 …………………………………… 117
　4.5 混凝土工程 ………………………………………… 118
　4.6 砌体工程 …………………………………………… 118
5 土地平整工程 ………………………………………… 119
　5.1 一般规定 …………………………………………… 119
　5.2 耕作田块修筑工程 ………………………………… 119
　5.3 耕作层地力保持工程 ……………………………… 119
6 灌溉与排水工程 ……………………………………… 121
　6.1 一般规定 …………………………………………… 121
　6.2 水源工程 …………………………………………… 121
　6.3 给水工程 …………………………………………… 121
　6.4 喷微灌工程 ………………………………………… 122
　6.5 排水工程 …………………………………………… 122
　6.6 渠系建筑物工程 …………………………………… 123
　6.7 泵站及输配电工程 ………………………………… 124

— 109 —

7 田间道路工程 …………………………………………… 125
　7.1 一般规定 …………………………………………… 125
　7.3 路　面 ……………………………………………… 125
8 农田防护与生态环境保持工程 ………………………… 126
　8.2 农田林网工程 ……………………………………… 126
　8.3 岸坡防护工程 ……………………………………… 126
　8.5 生态防护工程 ……………………………………… 127
9 其他工程 ………………………………………………… 128
　9.1 一般规定 …………………………………………… 128
　9.3 拆除工程 …………………………………………… 128

Contents

1 General provisions ··· 113
2 Terms ··· 114
3 Basic regulations ··· 115
   3.1 Basic requirements ································· 115
   3.3 Acceptance procedures ····························· 115
   3.4 Acceptance and assessment of construction quality
       ·· 116
4 General engineering ······································· 117
   4.2 Earthwork engineering ····························· 117
   4.4 Reinforced concrete engineering ··················· 117
   4.5 Concrete engineering ······························· 118
   4.6 Masonry engineering ······························· 118
5 Land levelling engineering ································· 119
   5.1 General regulations ································ 119
   5.2 Farmland terraces building ························· 119
   5.3 Land productivity conservation engineering ········ 119
6 Irrigation and drainage engineering ······················· 121
   6.1 General regulations ································ 121
   6.2 Water source engineering ·························· 121
   6.3 Water supply engineering ·························· 121
   6.4 Spray and micro-irrigation engineering ············ 122
   6.5 Drainage engineering ······························· 122
   6.6 Canal engineering ·································· 123

   6.7 The pumping stations and power transmission and distribution engineering 124
7 Farmland road engineering 125
   7.1 General regulations 125
   7.3 Road surface 125
8 Farmland protection and ecological and environmental conservation engineering 126
   8.2 Farmland and forest network engineering 126
   8.3 Bank protection engineering 126
   8.5 Ecological protection engineering 127
9 Other engineering 128
   9.1 General regulations 128
   9.3 Demolition engineering 128

1 总　则

1.0.1 上海市地势平坦、经济发达,土地整治工程建设项目的建设和施工要求较高,同时针对上海市各区所开展的土地整治项目的工程质量验收尚无统一标准。本标准的制定使得上海市开展的土地整治项目的工程质量验收工作能够做到有据可依,各施工、工程监理等单位可以在本标准的指导下合理确定各土地整治项目施工技术标准,确保土地整治项目工程施工质量,保证土地整治项目工程施工质量验收的规范性。

1.0.3 上海市土地整治项目的工程验收综合性强、牵涉面广,不仅涉及农业、道路、水利、环境等各方面的内容,还与各项施工技术和质量评定方面的标准密切相关。除本标准外,上海市验收土地整治项目的工程质量还应符合国家、行业和本市现行相关标准的规定。

2 术　语

　　本标准中的术语是从土地整治项目工程质量验收的角度赋予其涵义的,但涵义不一定是术语的定义。同时,还给出了相应的推荐性英文术语,该英文术语不一定是国际上通用的标准术语,仅供参考。

3 基本规定

3.1 基本要求

3.1.1 本条对土地整治项目的施工现场和具体施工过程中的质量管理体系和质量保证体系提出了要求。施工单位应推行生产控制和合格控制的全过程质量控制。对施工现场质量管理，要求有相应的施工技术标准、健全的质量管理体系、施工质量控制和质量检验制度；对具体土地整治建设施工项目，要求有经审查批准的施工组织设计和施工技术方案。上述要求应能在施工过程中有效运行。

3.1.2 土地整治工程应按下列规定进行施工质量控制：

工程质量检验内容包括施工准备检查、原材料及中间产品质量检验、金属结构及机电设备质量检查、单元工程质量检查、质量事故检查和质量缺陷备案等。工程质量检查应符合现行行业标准《土地整治工程质量检验与评定规程》TD/T 1041的相关要求。

3.1.3 土地整治工程质量验收的主要依据有：国家及相关行业工程施工技术标准；经批准的规划设计文件、施工图纸、设计变更；厂家提供的设备安装说明书及有关技术文件；工程承发包合同中采用的技术标准；工程施工期及运行期的试验和观测分析成果；原材料和中间产品的质量检验证明或出厂合格证。

3.3 验收程序

3.3.1 工序质量和单元工程质量应由施工单位质监部门组织自评，监理单位抽检并核定；隐蔽工程及关键部位的工程质量应在施工单位自评合格后，由监理单位全面复核。单元工程、分部工程、单位工程、单项工程的质量评定应在施工单位质检部门自评的基础上，由监理单位组织相关部门进行复核和验收。

3.4 工程质量验收评定

3.4.1 验收评定应符合以下要求(或规定)：

1 单位(子单位)工程施工期间和运行期间，各分部工程运行满足设计和合同约定的要求；工程投入使用、运行管理的条件已经具备。

2 单项工程施工期间和运行期间，各分部工程运行满足设计和合同约定的要求。

3 项目工程质量验收时，参加工程施工质量验收的单位和个人应具备相应资质和资格；工程施工质量的验收应在施工单位自行检查评定合格的技术上进行；隐蔽工程在隐蔽前应由施工单位通知有关单位进行验收，并形成验收文件。

"质量控制资料应完整"主要是指：工程施工过程中，各个环节工程质量状况的基本数据和原始记录；反映完工项目的测试结果和记录。

4 通用工程

4.2 土方工程

4.2.1 基坑开挖

1 基坑坑壁坡度应按地质条件、基坑深度、施工方法等情况确定。

2 基坑开挖中,在坑底基础范围之外应设置集水坑并沿坑底周围开挖排水沟,使水流入集水坑内,排出坑外。

4.2.2 沟槽开挖

开挖过程中及雨后复工,应随时检查土壁稳定和支撑牢固情况,发现问题,及时处理。沟槽内不得有杂草、树根、腐殖松散土。

4.2.3 土方填筑

铺土厚度及压实遍数应根据土质、压实系数、含水量及所用机具通过碾压试验确定并保存试验记录。

4.4 钢筋混凝土工程

4.4.1 模板

模板与混凝土的接触面应清理干净并涂刷隔离剂,不应使用影响结构性能的隔离剂。

4.4.2 钢筋

接头不宜设置在梁端、柱端的箍筋加密区。

4.5 混凝土工程

4.5.1 当混凝土试件强度评定不合格时,可根据国家相关标准采用回弹法、超声回弹法、钻芯法等进行推定结构的混凝土强度。通过检测推定的强度可作为判断结构是否处理的依据。当室外平均气温连续低于5℃时,混凝土施工应采取冬期施工措施。

4.5.2 混凝土(现浇、预制件)护坡

预制件护坡应先将预制块进行预排,适当调整缝宽,尽量采用整块预制件,非整块的预制块应排列在常水位以下,避免影响整体观感质量。

4.6 砌体工程

4.6.1 砌筑砂浆使用的水泥应按混凝土工程中水泥质量的规定进行检查验收。砌筑砂浆应通过试配确定配合比,当砌筑砂浆的组成材料有变更时,其配合比应重新确定。砂浆现场拌制时,各组成材料应采用重量计量。

4.6.2 砌体勾缝,除设计有规定者外,一般宜采用凸缝或平缝。浆砌较规则的块材时,宜采用凹缝。

4.6.3 凡进入冬季施工的工程项目,应复核施工图纸;对有不能适应冬期施工要求的问题应及时会同设计单位研究解决。

4.6.4 石砌锥坡、护坡和河床铺砌层等工程施工时,必须在坡面或基面夯实、整平后,方可开始铺砌。片石护坡的外路面和坡顶、边口,应选用较大较平整并略加修凿的石块。

4.6.9 块石在使用前必须浇水湿润。砌筑基础的第一层砌块时,若基底为岩层或混凝土基础,应先将基底表面清洗、湿润,再坐浆砌筑;若基底为土质,可直接坐浆砌筑。

5 土地平整工程

5.1 一般规定

5.1.1 完工后的格田形状、面积应符合设计要求，田块连片应相对集中，便于机械耕作。

5.1.2 田块周边交通应有良好的通达性，与田间道路、通村公路、居民点等的连接及通行状况应能够满足当地群众的生产、生活要求。各设计区域内田块应布局合理，无边角、零星土地，各类用地比例协调。

5.2 耕作田块修筑工程

5.2.1 田块平整

耕作田块的田面平整度应满足作物对灌水均匀性的要求。灌溉水田区对田面平整度要求较高，以旱作为主的地区对平整度可适当降低，但土地平整后的田块应不仅能满足灌排的要求还应满足有利于作物生长的要求，土地平整度的确定应综合考虑灌排、作物生产、投资和施工等的综合要求。

5.3 耕作层地力保持工程

5.3.1 表土剥离与回覆

耕作层土壤剥离过程中，以最大限度减少对耕作层土壤碾压破坏为原则，设计适宜耕作层土壤收集的线路，使用挖掘机等对土壤破坏程度小的机械，在土壤适耕性较好时进行，即抓一把土壤可捏成团,土团落地能自然散碎;当土壤处于可塑性时,即用手按压能将土壤中水分挤出或黏结成团时,禁止剥离;禁止在雨雪天或雨雪后立即进行剥离。

5.3.2　客土填充

1　客土土源应遵循就近取土原则,客土质地较好且无污染,能够保墒、保水、保肥。

2　宜采用挖掘机或装载机装土,禁止机械在土堆上碾压,取土结束后需对土堆边坡进行重新修整,并覆盖保护。

5.3.3　土地翻耕

翻耕时对较大的土块进行碎化,达到能耕种的程度,对一些机械平整无法达到耕作要求的可采取人工细部平整;许多肥沃程度不高的新增耕地可采取深耕或人工培肥(种植绿肥等)等一些工程措施或生物措施。

6 灌溉与排水工程

6.1 一般规定

6.1.2 农渠、斗渠、支渠等各系统的流水标高应项目协调配套，保证各级渠道灌得进、排得出。

6.1.3 渠道沿线的各类水闸、出水口、渠下涵、生态孔（板）等配套设施应安装牢固，开启关闭灵活，标高、位置准确。

6.2 水源工程

6.2.1 蓄水池

以解决人畜饮用水为主的蓄水池应建在靠近庭院的地方。需要拦蓄降雨作为灌溉水源的蓄水池应建在较低洼处，蓄水池建筑位置处的地质条件应良好，地基应具有较好的承载及防渗能力。

6.3 给水工程

6.3.1 明渠渠道布置必须与排水沟、道路等布置相协调，根据地形条件，采用灌排相邻布置或相间布置。渠线宜短而直，做到交叉建筑物少、土方量少、占地少、拆迁少；避免深挖、高填或穿越村庄。

6.4 喷微灌工程

6.4.1 喷灌适用于经济条件较好或水资源较缺乏地区,对经济价值较高的菜园、果园、花卉、草皮等进行灌溉。

6.4.2 微灌适用于经济条件较好或水资源较缺乏地区,对果树、蔬菜、花卉、草皮等经济作物及其他作物的灌溉。微灌包括滴灌、微喷灌、小管出流和地下渗灌。滴灌宜用于果树、蔬菜、经济作物的灌溉;微喷灌宜用于果树、经济作物、花卉、草坪及温室大棚的灌溉;小管出流也宜用于果树等的灌溉;地下渗灌适合与大田作物的灌溉。

6.5 排水工程

6.5.1 明沟

根据排水要求,合理确定排水沟道数量,排水沟的布置必须与渠道、道路、林网、容泄区等相协调。各级排水明沟宜相互垂直布置,排水线路宜短而直。排水沟的间距与深度应满足排涝、排渍和洗盐的要求。

6.5.2 暗管

1 暗管排水可在水网圩田工程模式地区或其他湿田、冷浸田集中的地区使用,保护地栽培中为防治次生盐碱化也可使用。

2 埋深应满足控制地下水位、防盐排渍的要求,同时充分考虑河道常水位的影响。

3 外包滤料选择应以取材容易、价格便宜、施工方便为原则,并应符合耐酸碱、不易腐烂、不污染环境为要求。

6.6 渠系建筑物工程

6.6.1 水闸
1 闸址应优先选择地形条件适宜、边坡稳定、地下水位较低、地质条件良好的天然地基。
2 设备安装：工作桥预制构件安装必须位置准确、平稳。

6.6.2 渡槽
渠道跨越洼地、道路或其他沟渠等障碍物，且河道无通航要求时选用渡槽。槽址选择应考察地质条件、地形条件，方便施工。

6.6.3 倒虹吸
2 管身主体
管身优先采用圆形断面的混凝土管、钢筋混凝土管、硬质塑料管或钢管。

6.6.4 农桥
1 一般规定
生产路与沟渠、河道相交，主要通过人群和手扶拖拉机，布置人行桥。田间道与沟渠、河道相交，通行拖拉机、汽车等，布置机耕桥。

6.6.5 涵洞
1 涵洞是明沟明渠跨越沟渠或穿越填方道路等障碍物时在渠下或路下设置的渠系建筑物，可划分为地基与基础和涵管主体两部分。
2 涵洞的布置应考虑水流通畅，上下游河沟不发生冲刷或淤积；涵洞轴线应与堤坝、道路、渠道力求正交，还应与原河沟水流方向一致，后者条件优先考虑；涵洞底高程应与原沟渠底高程衔接。

6.6.6 放水口
放水口布置应满足格田灌水和排水要求，布置于格田长边的中间位置,与毛渠、毛沟连通。放水口可采用 PVC 塑料管或预制混凝土构件。

6.6.7　下田道

为满足机械和人力下田耕作,每个田块设置 1 处~2 处下田路,下田道过沟渠时布置涵管或钢筋混凝土桥面板,下田道宽宜为 3m~5m。

6.7　泵站及输配电工程

6.7.1　泵站

1 泵站是利用机电设备、管路及配套建筑物将水从低处提到高处的一种工程措施,适用于无法自流灌溉和自流排水、喷灌地区等,根据泵站在土地整治工程项目中的工作任务,泵站可分为灌溉泵站、排涝泵站和灌排结合泵站。

2 泵房的设计应在便于设备安装、检修及运行的前提下,使泵房布局紧凑,尺寸合理。泵房设计应满足稳定性要求,泵房水下结构部分要进行防渗处理及抗裂校核。

6.7.3　配电装置

泵站宜设置专用变压器若泵站装机容量较小、距离居民点较近,且泵站用电不对居民的生产、生活造成影响,可由居民点供电系统直接向泵站供电。

7 田间道路工程

7.1 一般规定

7.1.1 田间道路工程所包含的一级田间道、二级田间道工程按照其部位划分分项工程。田间道是居民点之间的通道，主要为货物运输、作业机械向田间转移及为机械加油、加水等生产服务的道路。生产路则是联系田块之间、通往田间的道路，主要起田间货物运输的作用，为人工田间作业和收获农产品服务。

7.1.3 道路布局应与田、林、村、渠、沟等布局相协调，有利于田间生产管理。原有道路可利用的，应尽量维修利用，维修后的道路应符合设计及规范标准。

7.1.4 田间道路工程中的钢筋混凝土构件、钢筋与模板的制作和安装、预应力混凝土构件预应力钢筋的加工和张拉应符合设计和相关规范要求。

7.3 路　面

7.3.2 泥结石面层

泥结碎石路面施工宜采用灌浆法施工。泥结碎石表面平整密实，边线整齐，无松散现象，面层碾压结束后，应洒水养护。

8 农田防护与生态环境保持工程

8.2 农田林网工程

8.2.1 农田防护林

农田防风林采用林带混交形式,主要用于沿海沿江农田防风。主林带走向应垂直于主风方向,副林带和主林带垂直;水网圩田工程模式农田防护林应结合河、沟走向进行布局,其他工程模式应与田间道路布局相结合。

8.2.2 护路护沟林

护路护沟林的配置应与农田防护林中的主副林带、渠道系统中各固定渠道以及田间道路布置相结合,在道路、沟渠两侧营造护路护沟林,改善农田生态环境。配置模式采用带状混交或行间混交方式。

8.2.3 护岸林

护岸林采用带状混交或行间混交方式;树种应选择易于窜根萌蘖的灌木和乔木并与地被植物相结合。

8.3 岸坡防护工程

8.3.2 护岸

1 水流比较平顺、不受主流冲刷的防护段,采用干砌块石;干砌石护岸有涌水现象的应铺设滤水层,封顶用平整块石砌护,接合处可用碎石、粗砂回填。

2 当流速为3m/s~4m/s时,宜采用浆砌石;浆砌石护坡可设置泄水口,孔口可设为矩形和圆形。

3 砂浆和混凝土所用的水泥、砂、石、水、外加剂及混合材料的质量和规格应符合设计及规范的要求,片(块)石的质量和规格应符合设计要求,垫层材质应符合设计要求。

4 混凝土护岸接缝用沥青混凝土填塞,接缝采用企口缝铰接或用沥青混凝土灌缝,应铺设反滤层。

5 护岸检测项目中坡面坡度允许偏差"0～0.5%",指不陡于设计规定的0.5%。

8.5 生态保护工程

8.5.1 绿化工程

草种应符合设计要求,草坪应无杂草、无枯黄、无明显病虫害。

8.5.2 其他生态保护工程

选择复垦土地的用途,因地制宜,综合治理。宜农则农,宜林则林。条件允许的地方,应优先复垦为耕地。

9 其他工程

9.1 一般规定

上海市现代农业发展需要,方便农业生产和管理,项目区应合理配置农业生产辅助设施。农业生产辅助设施的建设规模和要求遵照《上海市设施农用地管理办法》执行,该管理办法的更新版本适用于本标准。

9.3 拆除工程

9.3.1 建(构)筑物拆除

建(构)筑物拆除指对项目区已废弃厂房、农业生产设施和辅助用房的建筑物和构筑物的拆除清理。清理的对象包括硬化地面、梁柱筒墙等主体结构、门窗管线等配套设施、沟渠闸井等的硬化部分等。